Initiation à
Photoshop®

44 PAS À PAS • DES CONSEILS POUR TOUS LES NIVEAUX

Initiation à Photoshop®

44 PAS À PAS • DES CONSEILS POUR TOUS LES NIVEAUX

EDITIONS ESI

Découvrir l'espace de travail

Comprendre les formats d'image

Comprendre les calques

Travailler avec les sélections

Régler les couleurs

Effectuer des retouches

DÉCOUVRIR L'ESPACE DE TRAVAIL

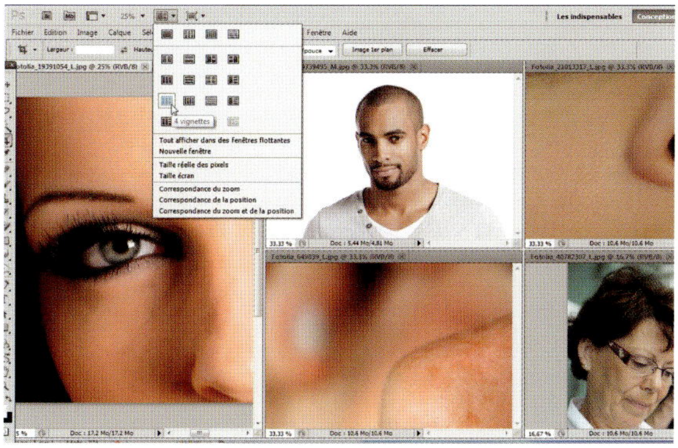

Personnaliser l'affichage

Lorsque l'on envisage de retoucher ses propres photos numériques à l'aide d'un outil aussi puissant que Photoshop, il est indispensable de se composer un espace de travail sur lequel on retrouve aisément ses marques et ses commandes favorites. Fort heureusement le logiciel dispose de nombreuses ressources de personnalisation de l'affichage, des fenêtres de composition aux palettes d'outils. En passant par les panneaux d'informations et les onglets de fonctionnalités, vous pouvez créer de toutes pièces un environnement qui vous garantira à la fois confort et productivité !

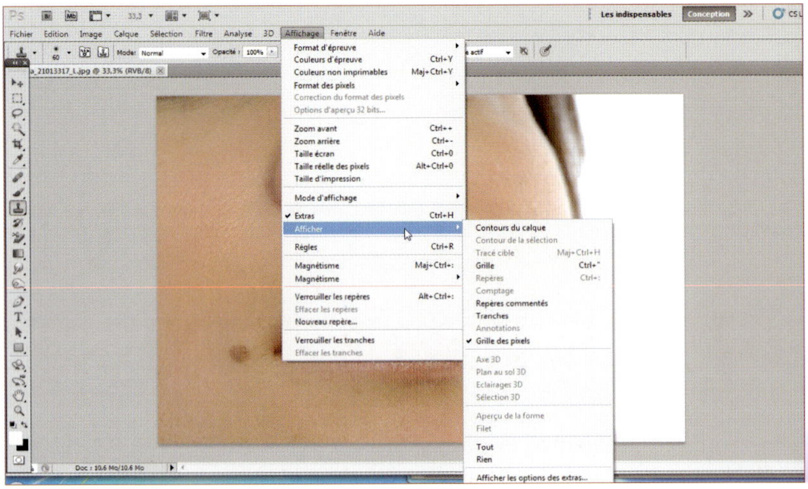

10

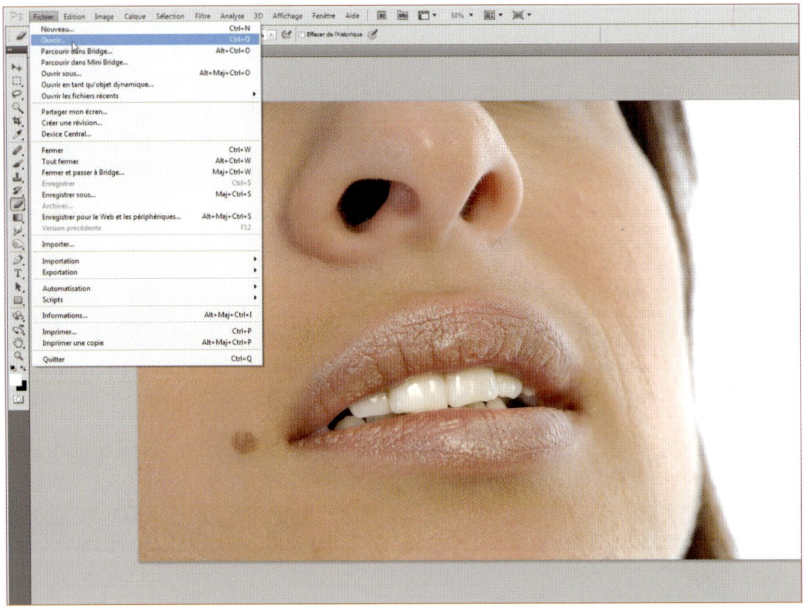

1 Avant toute chose, commencez par ouvrir une image au sein de Photoshop en cliquant sur Fichier/Ouvrir. Sélectionnez le fichier. Par défaut, l'image apparaît au centre de votre écran. Elle occupe un espace raisonnable pour permettre une visualisation confortable et un niveau de détail satisfaisant.

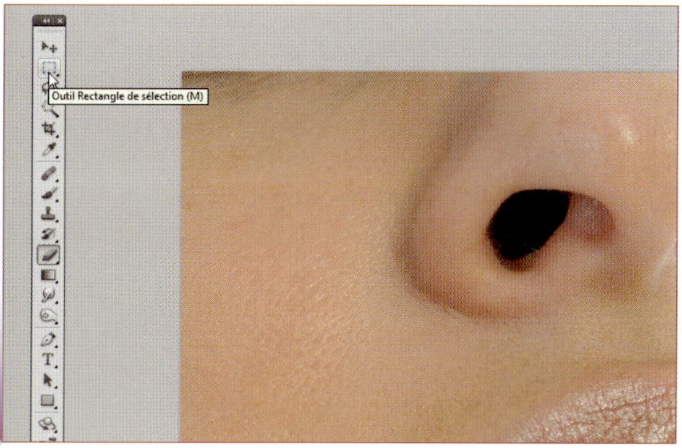

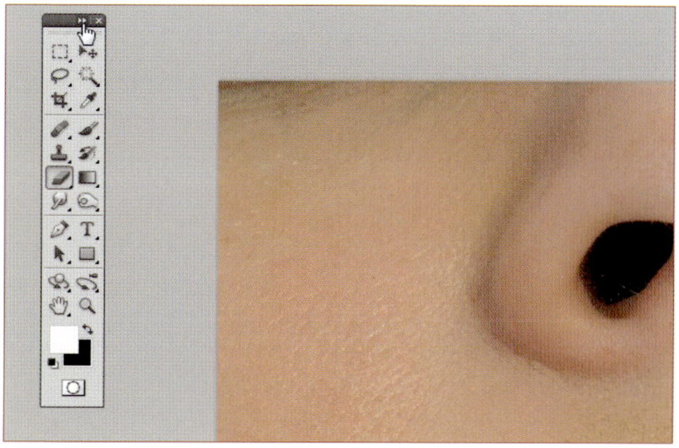

2 L'affichage courant de Photoshop vous propose d'accéder à la palette d'outils. Celle-ci est accessible en permanence et vous permet d'accéder à différentes commandes de retouche. Elle se trouve sur le côté gauche de l'écran. Elle s'affiche sur la hauteur de l'écran en proposant une colonne d'icône.

3 Dans certains cas, il peut être judicieux, afin de gagner en ergonomie, de modifier l'apparence par défaut de la palette d'outils. Si vous le souhaitez, vous avez la possibilité, en cliquant sur la double flèche située au sommet de la palette, de passer l'affichage sur deux colonnes.

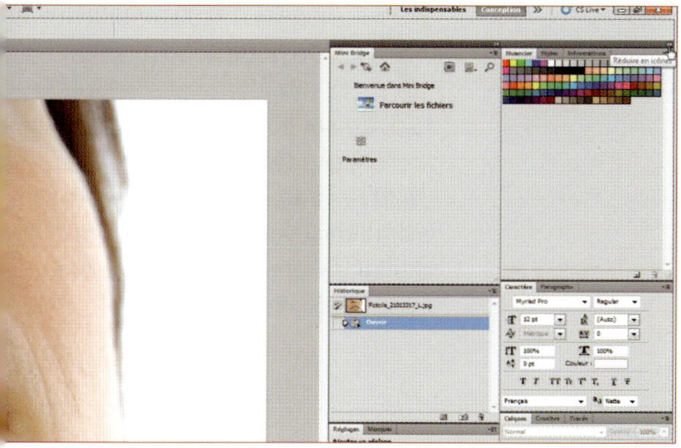

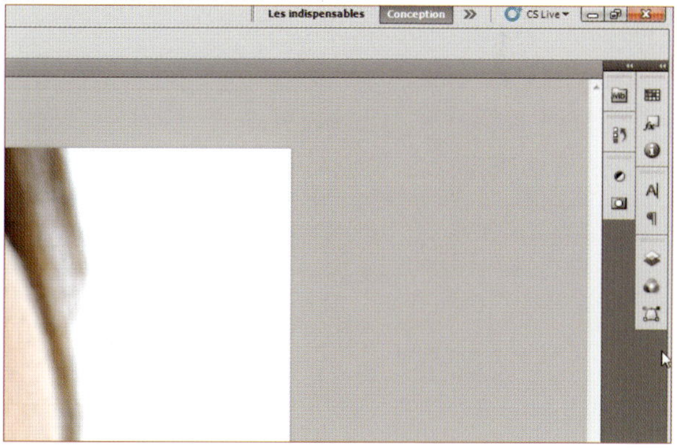

4 Sur la partie droite de l'écran, un certain nombre de panneaux contenant des informations liées au fichier ouvert sont à portée de souris. Ils vous renseignent sur l'historique des modifications effectuées, sur les réglages opérés ou sur les calques que vous avez pu superposer.

5 Comme la barre d'outils évoquée précédemment, ces panneaux arborent tous, en leur sommet, une double flèche que vous pourrez utiliser pour les agrandir ou les réduire en fonction de vos besoins au moment de retoucher vos images. Vous pouvez ainsi préserver votre espace de travail.

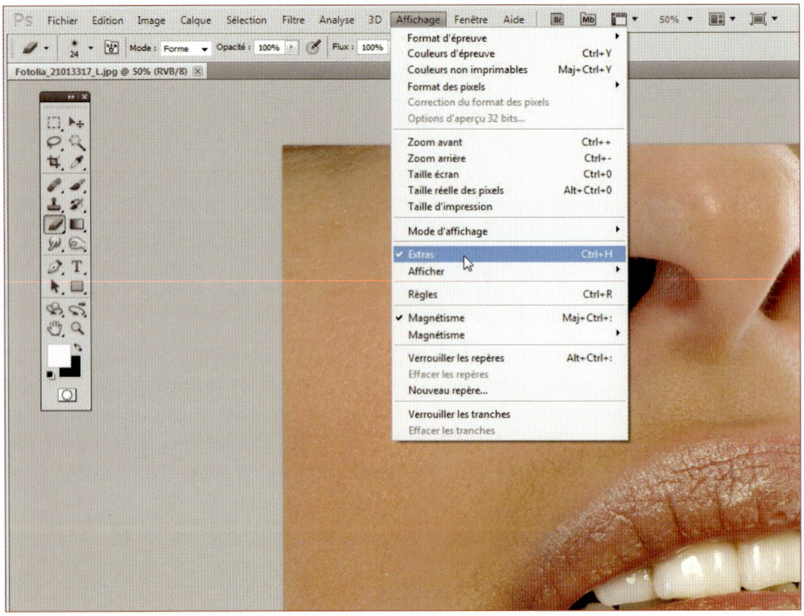

6 Si vous ambitionnez d'aller plus loin dans la personnalisation de l'affichage sous Photoshop, il faut également vous attarder sur le menu déroulant du même nom. Il recèle, sous la forme d'intitulés génériques, tous les grands éléments qui peuvent être affichés.

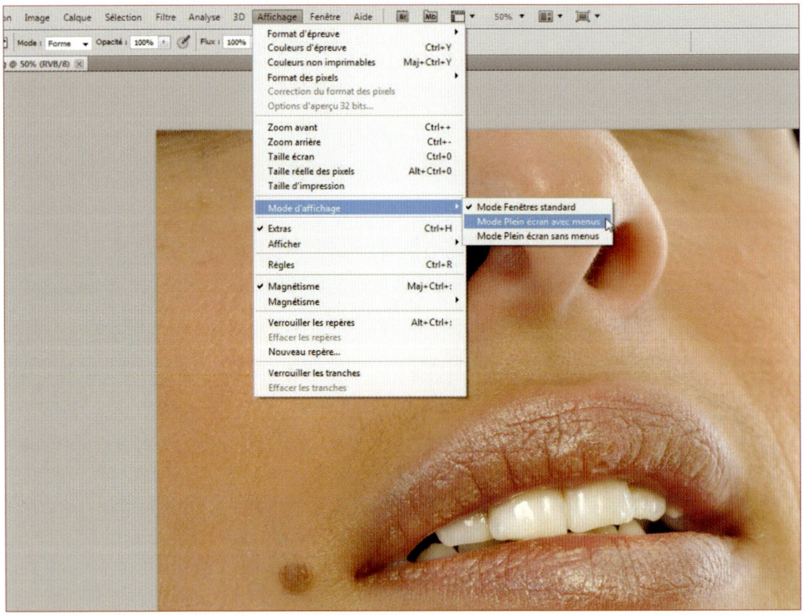

7 À l'aide du menu déroulant Affichage, vous pouvez notamment accéder à trois personnalisations rapides qui s'appliquent instantanément. Dans la liste des commandes, cliquez sur Mode d'affichage. Dans le volet latéral vous pouvez choisir l'affichage actuel ou Plein écran, avec ou sans barres d'outils.

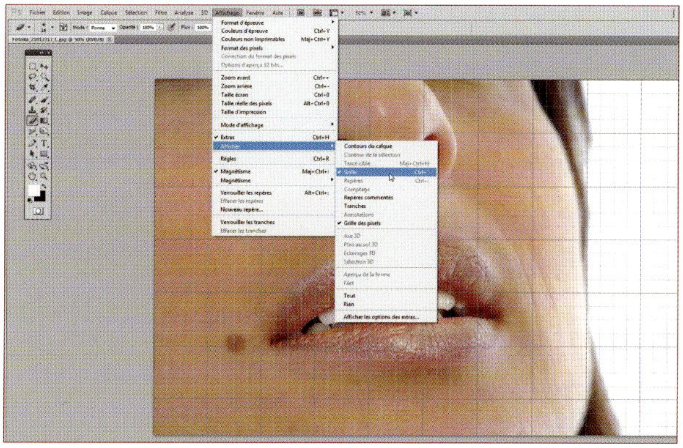

8 Dans certains cas, il faut agir sur les photos avec précision, au moment d'incruster un élément, par exemple. Dans ce cas, afficher une grille sur le visuel permet de prendre des repères plus aisés. Cliquez sur le menu Affichage puis sur l'intitulé Afficher. Dans la liste, cliquez sur Grille.

9 Lorsque vous travaillez sur plusieurs images simultanément, les différents fichiers ouverts prennent place dans des onglets différents entre lesquels vous pouvez basculer. Pourtant, il peut parfois être utile d'employer un autre mode d'affichage pour comparer des modifications par exemple.

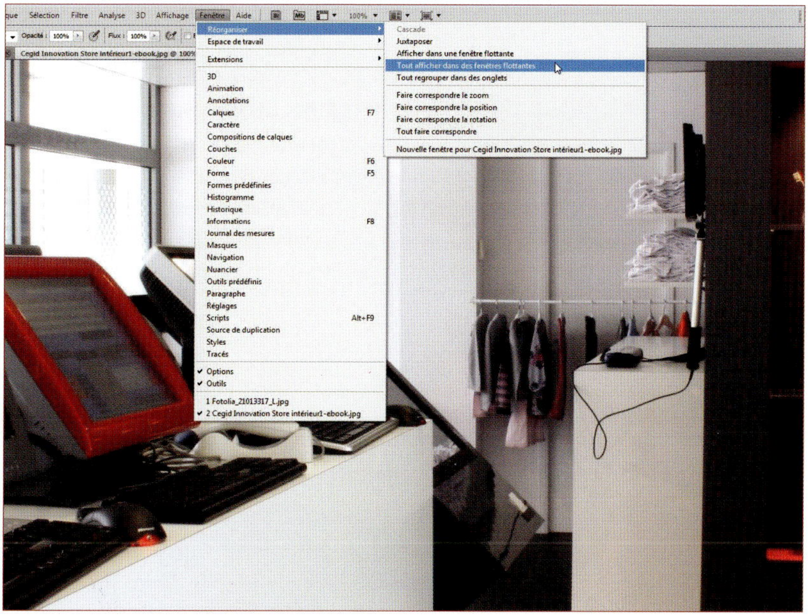

10 Cliquez sur le menu déroulant Fenêtre. La première commande est appelée « Réorganiser ». Cliquez dessus pour déployer le volet latéral. Vous pouvez alors choisir différents modes d'affichage pour les images actives sous Photoshop. L'utilisation d'une fenêtre volante peut parfois être adaptée.

Organiser l'espace de travail

Vous constaterez assez rapidement, en retouchant vos images, qu'un certain nombre de manipulations sont récurrentes, pour ne pas dire répétitives. Dès lors, il est indispensable que vous organisiez au mieux votre espace de travail et que vous en connaissiez toutes les subtilités, pour que ces opérations itératives puissent être exécutées machinalement, sans que vous ayez à chercher les commandes trop longtemps. En vous économisant tous ces temps de latence, vous pourrez consacrer davantage de temps et d'énergie aux manipulations qui exigent davantage de précision et de rigueur.

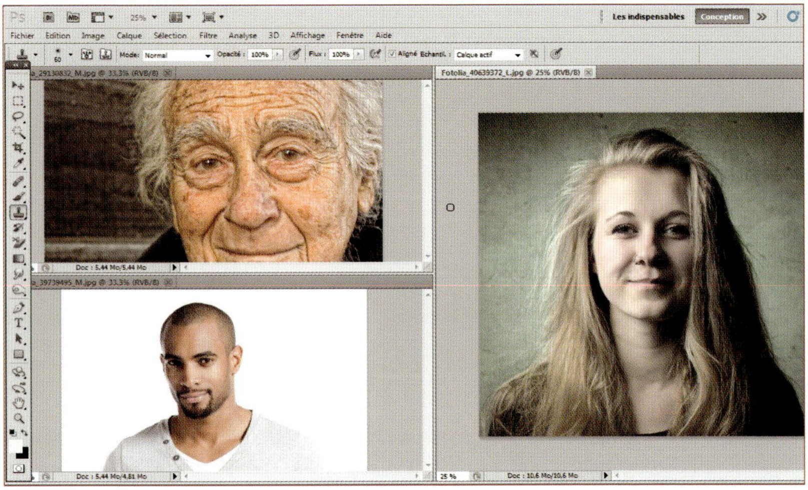

1 La gestion de l'espace de travail passe par la mise en scène des images que vous êtes affairé à retoucher. Pour gagner en productivité, apprenez à utiliser la barre d'outils qui figure au sommet de l'espace de travail. Pour afficher les extras (à savoir les règles et les repères), cliquez sur Extras.

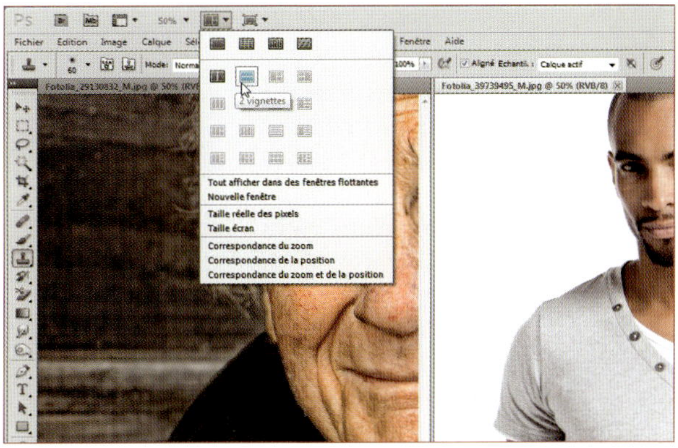

2 Parmi les fonctions les plus riches que propose cette barre d'outils, celle qui permet de basculer rapidement d'une image à l'autre lorsque plusieurs chantiers de retouche sont entrepris simultanément s'impose. Portez votre attention sur le bouton Réorganiser les documents.

3 Un volet est alors déployé vers le bas. Il met en scène un certain nombre de styles d'affichage permettant d'organiser l'espace de travail. Les boutons deviennent actifs, en fonction du nombre d'images ouvertes simultanément. Cliquez sur le bouton actif de votre choix, pour adapter l'interface.

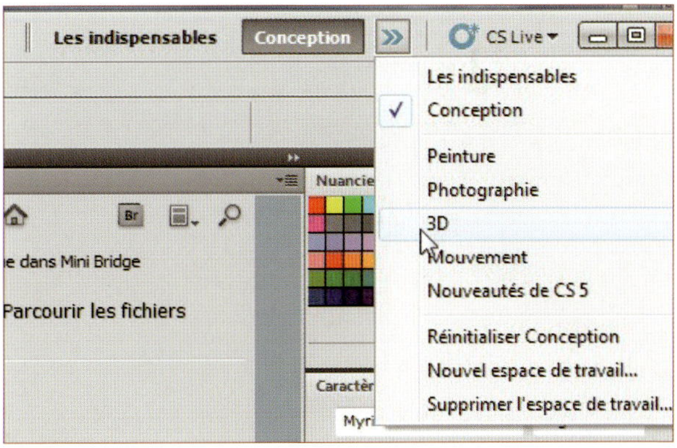

4 Dans la partie droite de l'espace de travail se trouvent les panneaux. Si vous disposez d'un écran de grande largeur, ils peuvent être affichés en permanence, tout en préservant un espace suffisant pour que vous puissiez retoucher vos images. Très utiles, ces panneaux restent encombrants.

5 L'essentiel consiste à préserver l'espace de travail alloué à vos images tout en conservant l'accès aux fonctionnalités des panneaux. Dans la barre de titres, cliquez selon les besoins sur les boutons Les Indispensables, Conception et sur la double flèche pour réorganiser l'affichage des panneaux.

Modifier l'affichage

Vous avez passé du temps à organiser votre espace de travail de manière optimale. Il arrive selon les cas que les choix que vous avez effectués manquent d'efficacité ou/et qu'ils nuisent à votre productivité. En effet, selon la nature de l'image que vous cherchez à retoucher, il faut accéder à des outils moins couramment utilisés, ou accéder à certaines informations d'ordinaire superflues. Dans ce cas, il faut être en mesure de basculer rapidement d'un mode d'affichage à l'autre sans perte de temps pour vous consacrer à l'essentiel : retoucher vos images.

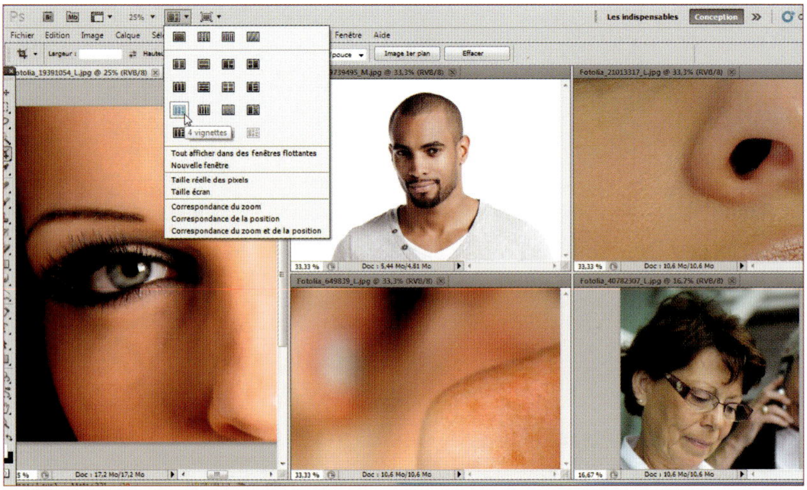

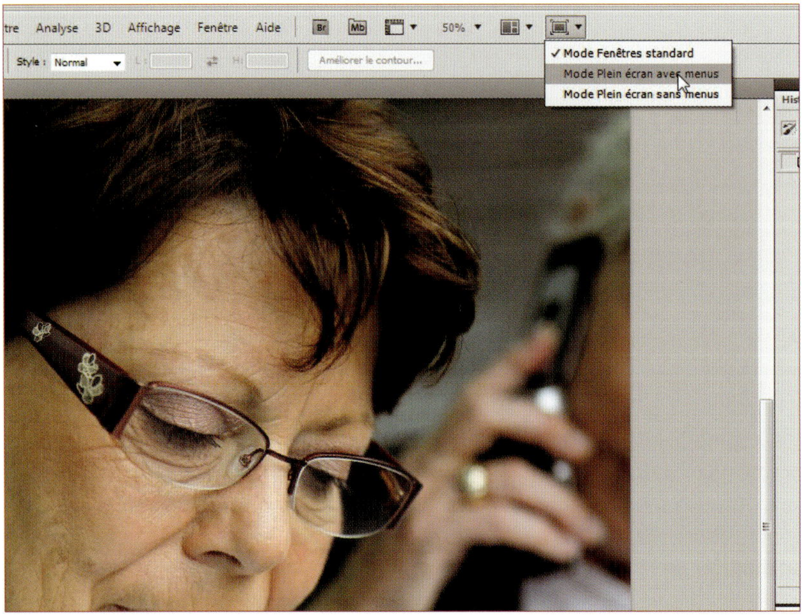

1 Au sommet de l'espace de travail offert par Photoshop, vous trouvez une barre d'outils qui vous permet d'affecter les conditions d'affichage. Trois modes sont disponibles par défaut au sein du logiciel de retouche. Cliquez sur la flèche à droite du bouton Mode d'affichage.

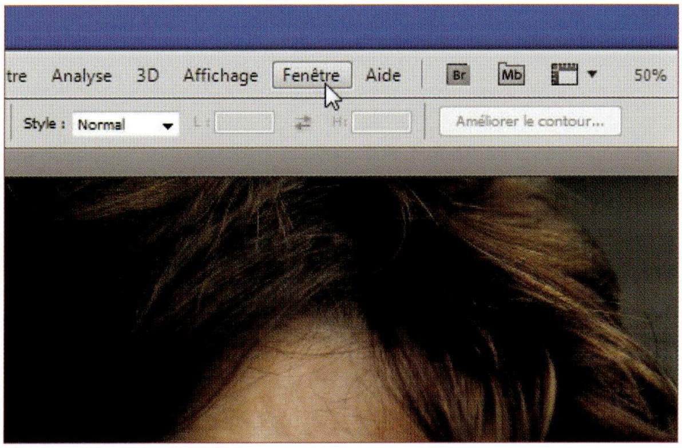

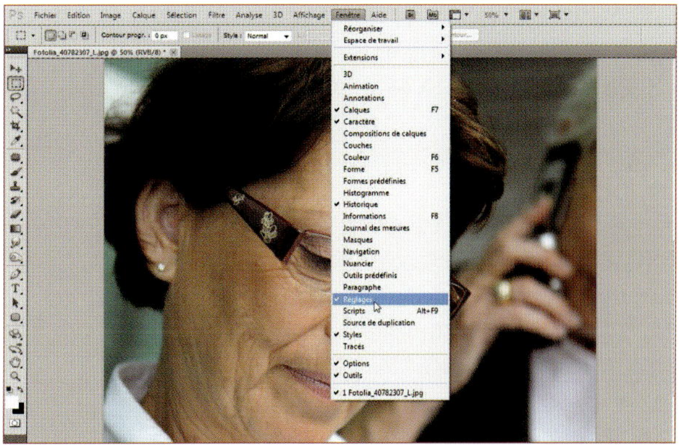

2 De nombreuses informations sont proposées par défaut. Pourtant seule une minorité d'entre elles sont vraiment indispensables dans le cadre de retouches que nous qualifierons de « courantes ». Pour gagner de l'espace à consacrer à la retouche de vos images, cliquez sur le menu déroulant Fenêtre.

3 Lorsque le menu déroulant se déploie, il dévoile un grand nombre d'éléments qui peuvent être affichés à la demande. Pour modifier l'affichage rapidement, cochez ou décochez les éléments de votre choix. L'affichage est mis à jour instantanément.

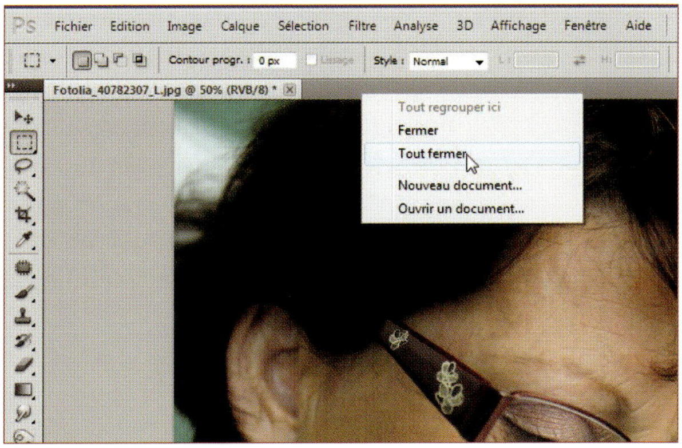

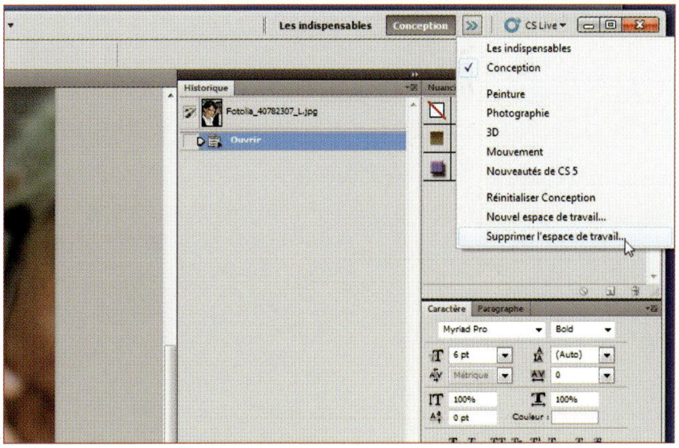

4 Si vous avez ouvert plusieurs images dans Photoshop et que vous désirez les fermer toutes en un clic, sans pour autant quitter le programme, vous avez la possibilité d'effectuer un clic droit sur la barre qui contient les onglets relatifs à chaque fichier. Cliquez sur Tout fermer.

5 La façon dont vous avez conçu l'affichage sous Photoshop ne vous convient plus ? Cliquez dans la barre d'outils sur la double flèche à droite du bouton Conception. Dans la liste déroulante, cliquez sur Supprimer l'espace de travail. Vous repartirez ainsi sur une base vierge.

Maîtriser la palette d'outils

Que vous envisagiez d'améliorer sensiblement une prise de vue brute ou que vous entrepreniez un trucage complexe associant différents calques superposés, il faudra, dans tous les cas, savoir vers quel outil vous orienter. S'ils sont globalement tous réunis dans la palette située par défaut sur la gauche de l'interface, vous découvrirez qu'ils possèdent tous des particularités qu'il faut apprendre à maîtriser pour que les travaux de retouche entrepris soient couronnés de succès. Par ailleurs, une même icône peut dissimuler plusieurs commandes différentes.

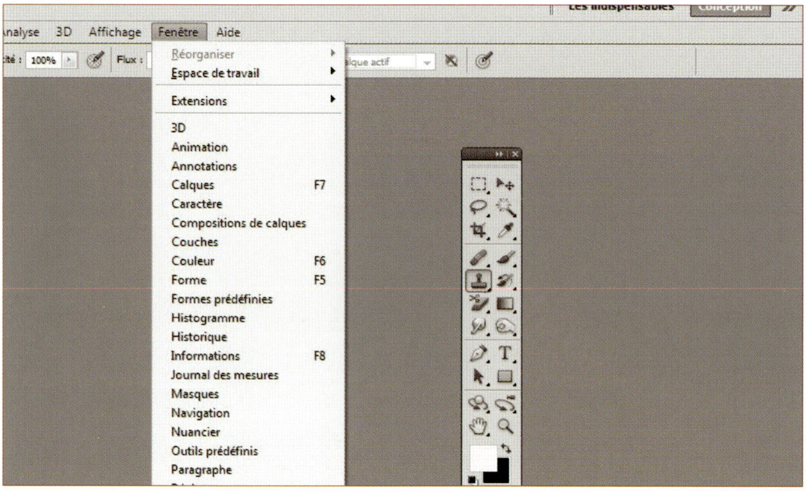

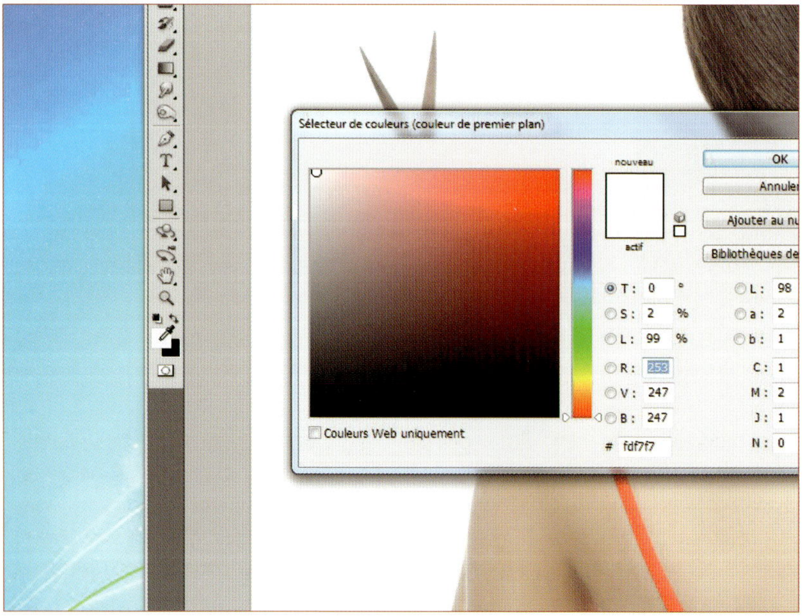

1 Le recours au nuancier est inévitable. Dans la palette d'outils, cliquez sur le sélecteur de couleurs symbolisé par deux carrés au bas de la palette. Le premier d'entre eux représente la couleur de premier plan. Le second, la couleur d'arrière-plan. Un clic sur l'un de ces boutons affiche le nuancier.

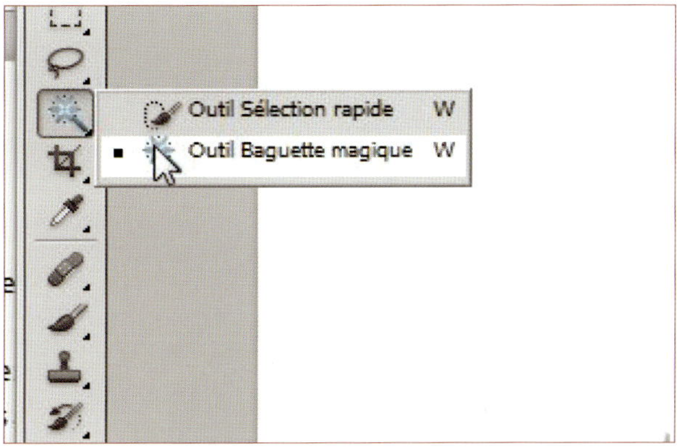

2 Pour travailler vos photos, il faut sélectionner des zones spécifiques – en règle générale, des zones de détails –, en vue d'apporter des modifications ciblées. Il existe des outils de sélections plus ou moins précis. Cliquez sur l'icône Outils de sélection pendant 3 secondes pour afficher le volet.

3 Si vous envisagez d'effectuer une sélection rapide car, par exemple, une large portion de votre image affiche une couleur unie, vous pouvez utiliser la baguette magique, dans la palette. Cliquez sur l'icône qui s'y rattache, puis cliquez sur la zone à sélectionner. Des pointillés délimitent la zone.

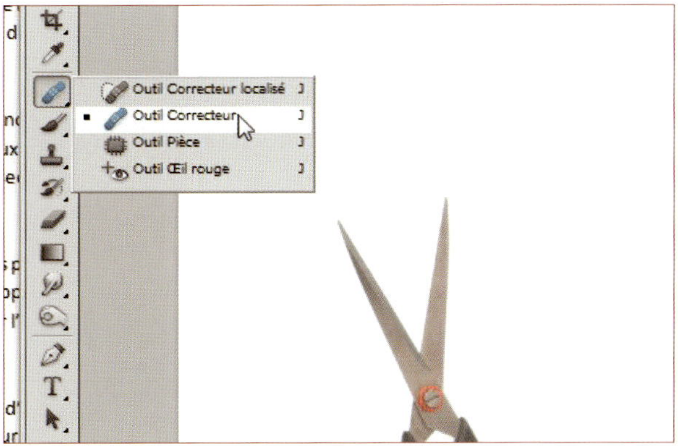

4 L'outil Recadrage est lui aussi un incontournable de la palette d'outils. Cliquez sur l'icône pour l'activer. À l'aide de votre souris, vous allez alors tracer la zone de l'image qui doit être conservée. Tous les éléments situés hors de cette zone seront éliminés après validation de votre part.

5 Pour appliquer des corrections sur une image afin d'effacer une tache de rousseur sur un visage, ou encore un défaut sur une surface uniforme, ayez le réflexe d'utiliser le correcteur symbolisé par un pansement dans la palette d'outils. Cliquez sur cette icône pour afficher les différents correcteurs.

6 Sélectionnez une brosse dans la palette d'outils en cliquant sur Pinceau. En fonction des zones que vous souhaitez modifier, ajustez la taille de la brosse en utilisant le curseur. Cliquez sur l'icône figurant dans la barre d'outils et ajustez le curseur Épaisseur, jusqu'à obtenir un bon diamètre.

7 Comme son nom l'indique, le tampon de duplication reproduit les pixels d'une partie de l'image sur une autre. Vous pouvez ainsi gommer des contours disgracieux. Activez le tampon. Ciblez la zone source en utilisant la touche ALT associée au bouton gauche de votre souris, puis appliquez la duplication.

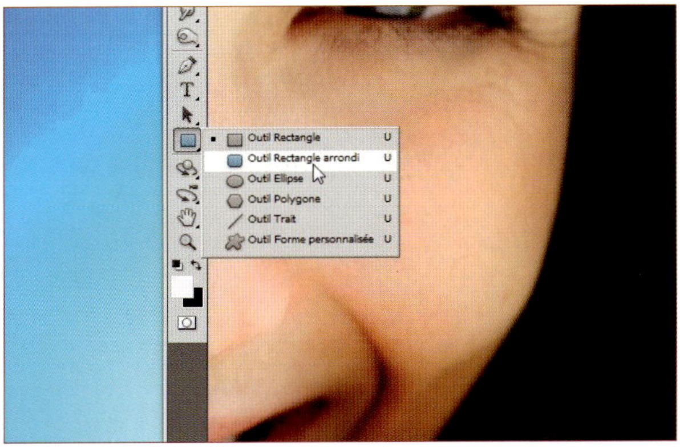

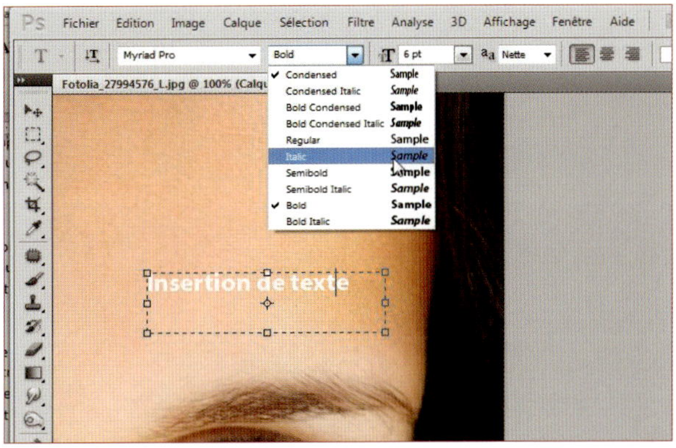

8 Vous pouvez insérer des éléments dans vos images et tracer des formes personnalisées ou bien dessiner, à l'aide de votre souris les contours d'un cercle, d'un rectangle ou d'un arrondi. Les champs d'application de ces éléments sont nombreux et permettent par exemple de définir des zones lumineuses.

9 Pour insérer des légendes, un titre, truquer un panneau indicateur, vous procéderez à l'insertion d'une zone de texte. Cliquez sur l'icône représentant un T majuscule. Tracez les contours de la zone de texte et saisissez les caractères. Personnalisez ensuite la police et les styles.

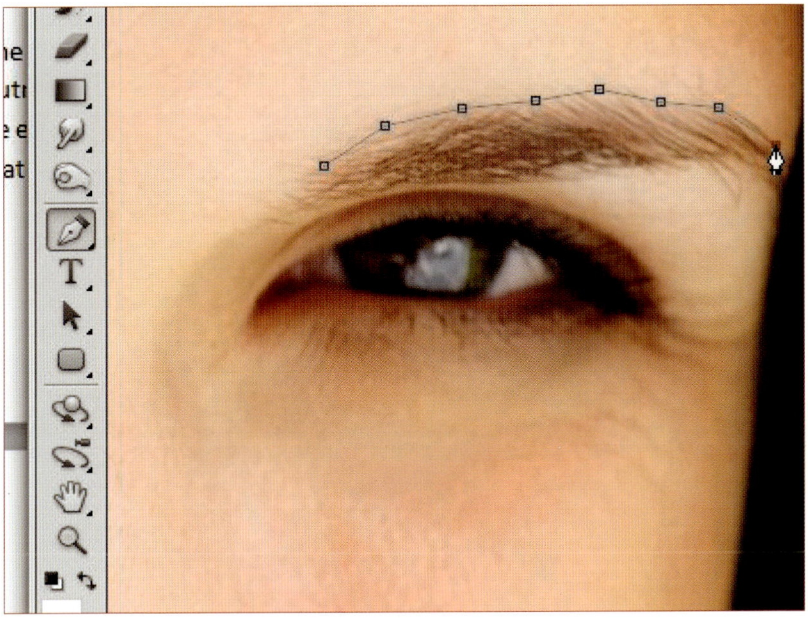

10 Dernier outil absolument essentiel : la plume. Entre tous les outils de sélection à votre disposition dans la palette, c'est celui qui offre la plus grande précision. Il vous permettra d'effectuer des détourages d'une redoutable exactitude (un exercice que nous évoquerons plus loin dans ce manuel).

Comprendre les panneaux

Pour domestiquer la puissance de Photoshop, il faut être en mesure d'afficher à tout moment les informations et les outils clés quelle que soit l'activité en cours. Pour y parvenir, les panneaux sont des éléments absolument incontournables qu'il faut savoir afficher au bon moment et qu'il faut savoir utiliser à bon escient pour limiter les manipulations inutiles. Pour autant, ces panneaux occupent une place importante dans l'espace de travail et, si l'on n'y prend pas garde, ils deviennent alors plus encombrants que véritablement utiles.

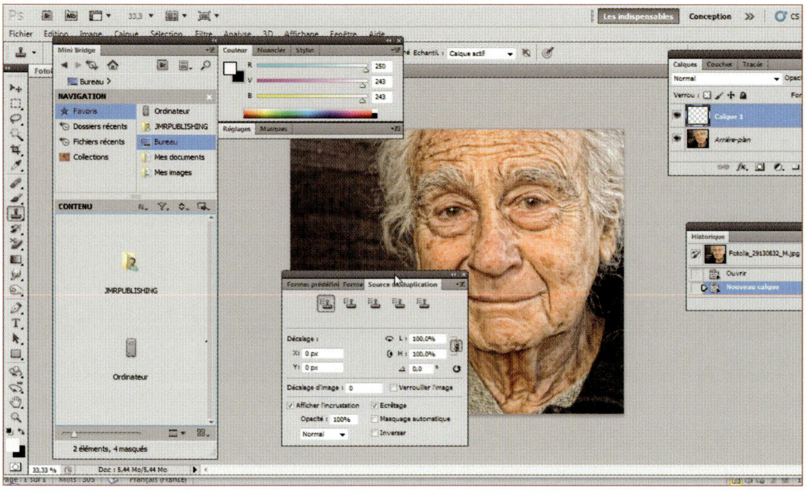

1 Les panneaux prennent place dans la partie droite de l'interface de Photoshop. Par défaut, un seul panneau est affiché. Si vous souhaitez les déployer, cliquez sur la double flèche vers la gauche. Au contraire, pour les replier, cliquez sur la double flèche orientée vers la droite.

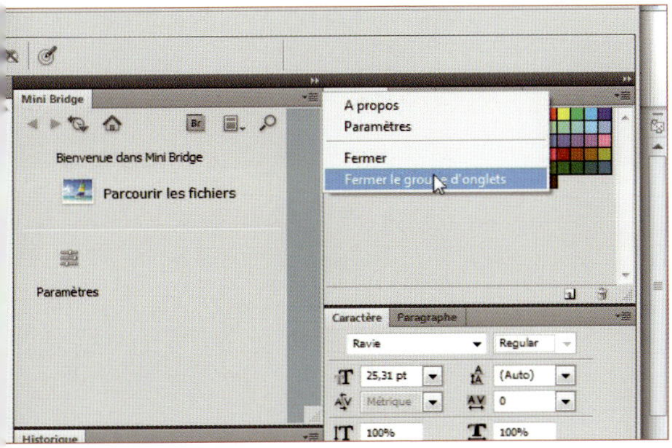

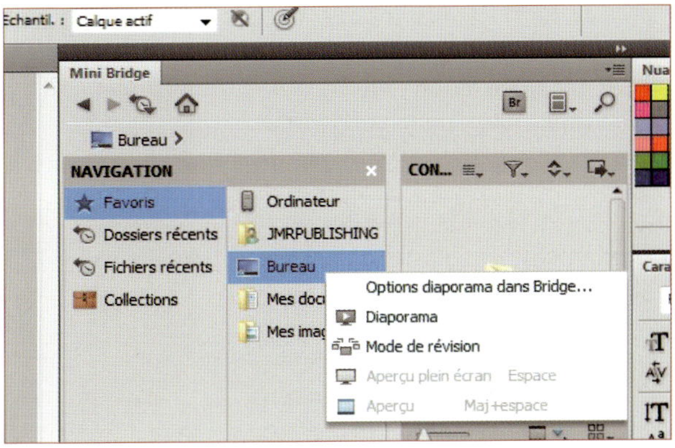

2 Si vous souhaitez interagir avec les panneaux, il vous suffit de cliquer sur le bouton qui se trouve dans l'angle supérieur droit du panneau concerné. Dans la liste, vous pouvez alors décider du type d'action à mener. Cliquez par exemple sur Paramètres dans le panneau Mini-bridge.

3 Il est possible maintenant de naviguer dans le bridge. Cette application qui fait partie de la suite Adobe CS5 vous permet d'accéder rapidement aux différents fichiers graphiques avec lesquels vous souhaitez éventuellement interagir.

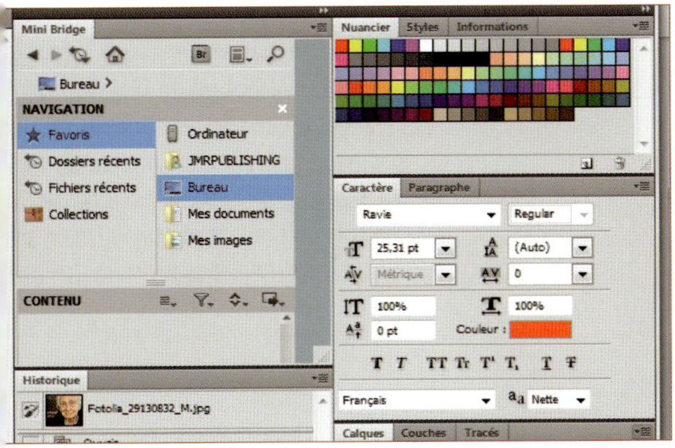

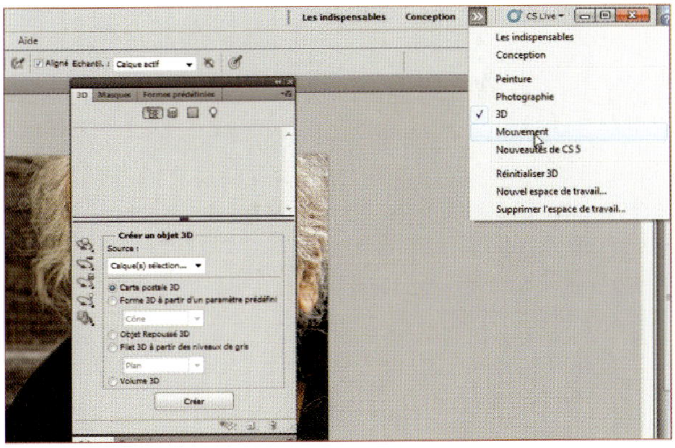

4 La clé du fonctionnement des panneaux c'est la contextualisation des commandes. Selon le type d'activité en cours, elles s'enrichissent ou s'adaptent. Ainsi, si vous cliquez sur le sélecteur de couleur, le panneau Nuancier apparaît. Si vous activez un calque, des onglets entrent en scène.

5 Dans la barre de titre se trouve le bouton Conception. À sa droite, un bouton est disponible. Cliquez dessus pour déployer les commandes. Vous pouvez alors afficher des panneaux additionnels. Pour faciliter l'affichage, cliquez sur la barre de titre d'un panneau pour qu'il soit flottant.

Zoomer, dézoomer !

Lorsque vous retouchez vos photos numériques, que vous détourez une photo ou que vous appliquez des modifications de tous ordres, il faut tantôt travailler dans le détail, tantôt prendre du recul pour disposer d'une vue d'ensemble qui vous permette d'effectuer des ajustements soignés et surtout réalistes. Pour basculer de ces vues larges vers des vues de détail, il faut sans cesse agrandir et réduire l'affichage de l'image. Il est possible d'utiliser le zoom sous Photoshop de différentes façons. Avec ou sans souris, maîtrisez le zoom !

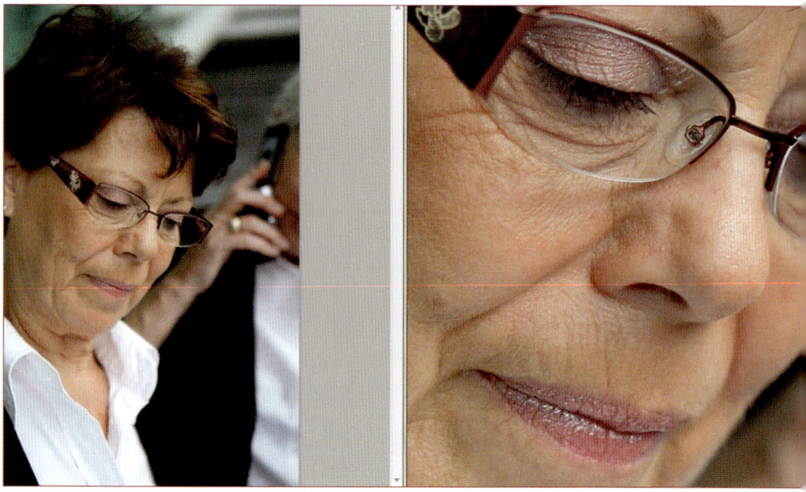

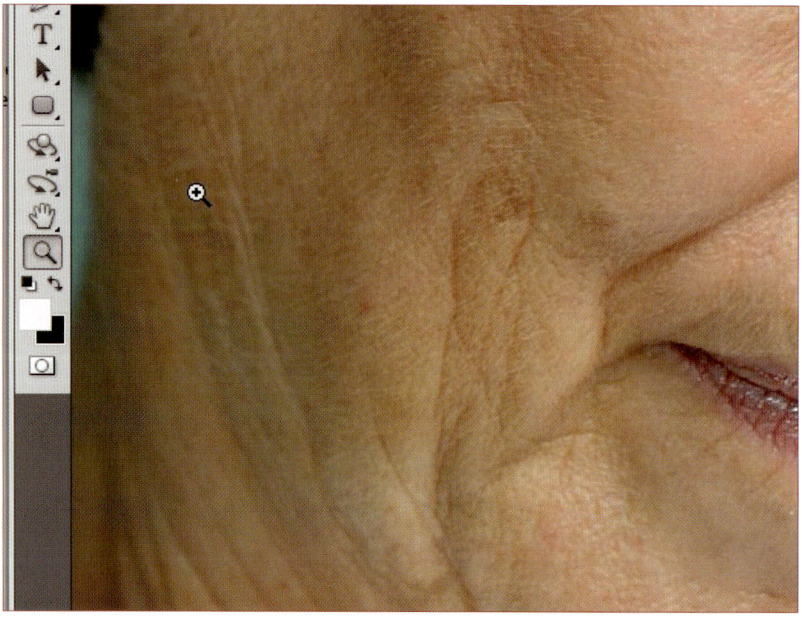

1 Si vous souhaitez réduire ou agrandir l'image au sein de l'espace de travail de Photoshop, le premier réflexe consiste à observer la palette d'outils sur la gauche de l'interface. Là, cliquez sur l'icône symbolisant une loupe. Le curseur de la souris change d'allure. Cliquez sur la zone désirée.

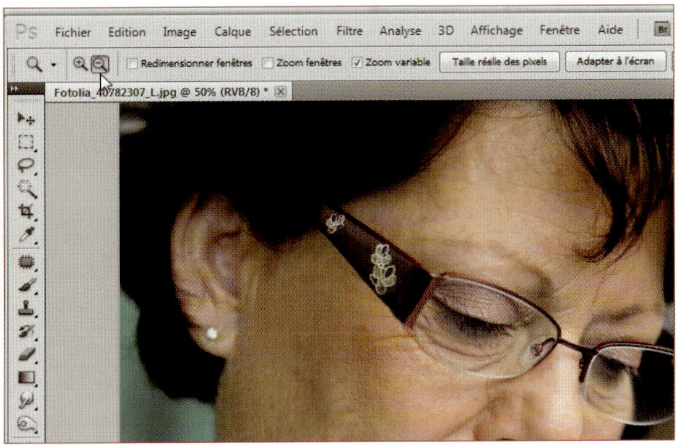

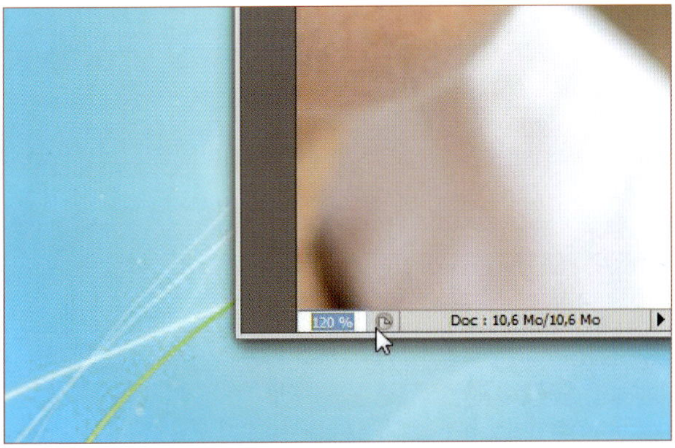

2 Vous souhaitez maintenant dézoomer et ainsi prendre un peu de recul pour regarder l'ensemble de l'image. Assurez-vous que l'outil loupe est toujours actif puis, dans la barre d'outils au sommet de l'écran, cliquez sur le bouton Loupe suivi du sigle « - ». Cliquez sur l'image pour ajuster le zoom.

3 Pour gagner du temps et définir un pourcentage d'agrandissement ou de réduction très rapidement, portez votre attention sur l'angle inférieur gauche de l'espace de travail. Vous trouvez un champ rectangulaire à fond blanc. Cliquez dans ce champ puis saisissez le pourcentage et validez par Entrée.

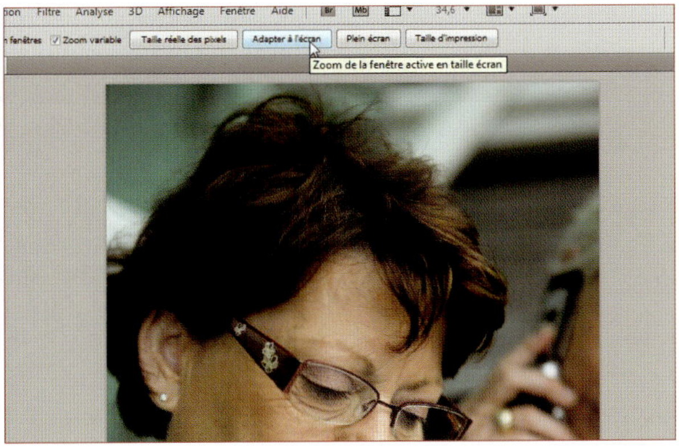

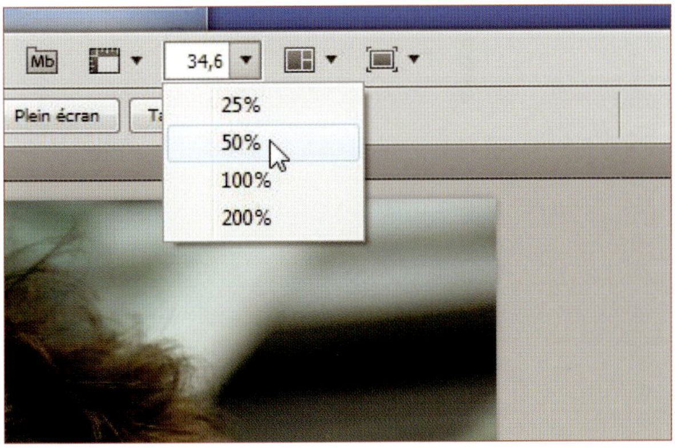

4 Si vous le désirez, Photoshop met à votre disposition des zooms spécifiques accessibles depuis la barre d'outils. Dans la palette, cliquez sur la loupe puis, dans la barre d'outils, choisissez le format d'affichage : Taille réelle des pixels, Taille d'impression, Plein écran ou Adapter à l'écran.

5 Enfin, vous pouvez ajuster les conditions d'agrandissement de l'image à partir de la barre de titre, présente au sommet de l'interface de Photoshop. Cliquez sur le bouton pour dérouler les formats prédéfinis de zoom : 25 %, 50 %, ou 100 %. Éventuellement utilisez le raccourci clavier CTRL + ou -.

Tirer profit de l'historique

À mesure que vous effectuez des manipulations sur votre fichier photo, Photoshop dresse un historique complet de toutes les commandes activées et de tous les paramétrages effectués. Cet historique est évidemment très utile car en cas de fausse manipulation ou d'incompatibilité entre des modifications effectuées, il faut pouvoir revenir en arrière de manière ciblée sans avoir à tout reprendre du début. Le recours à l'historique est pourtant assez peu connu. En le maîtrisant vous pourrez gagner un temps précieux.

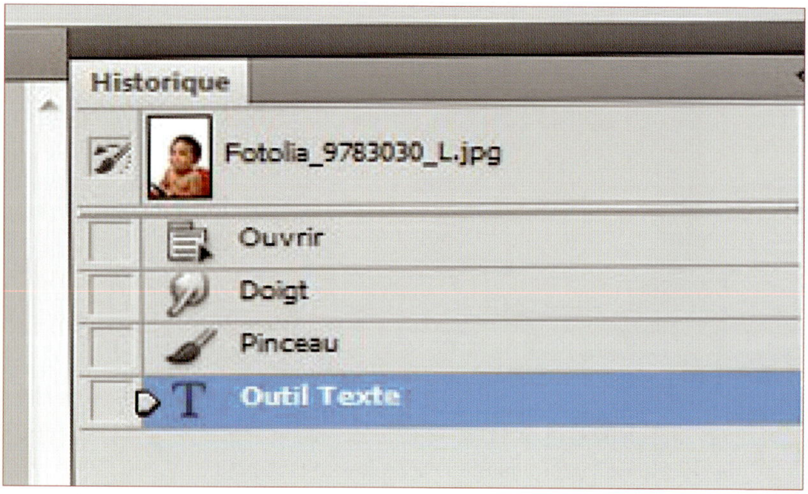

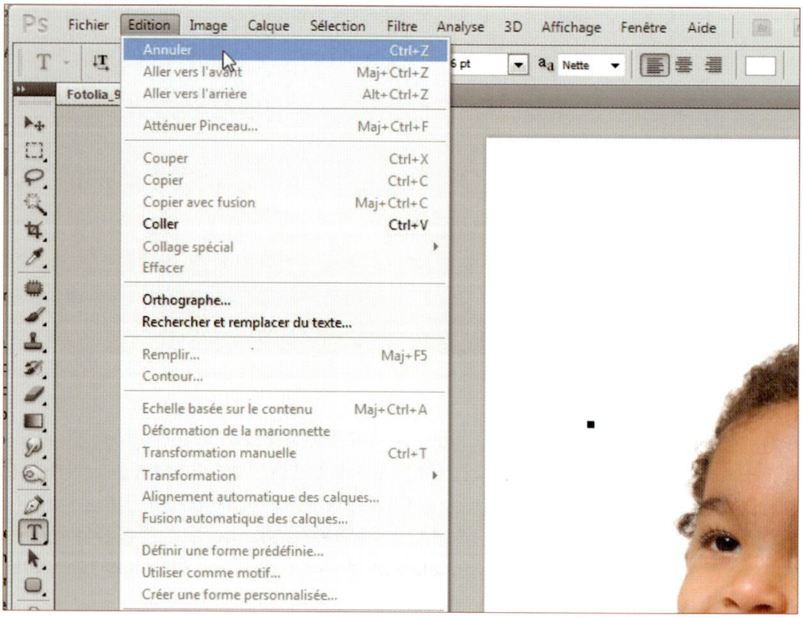

1 Comme n'importe quel logiciel, qu'il s'agisse de retouche d'image ou de solution bureautique, le système (Mac ou PC), vous donne la possibilité d'annuler la dernière action effectuée. Utilisez le raccourci CTRL + Z (ou Pomme + Z, sur un Mac). Vous pouvez aussi cliquer sur Édition puis sur Annuler.

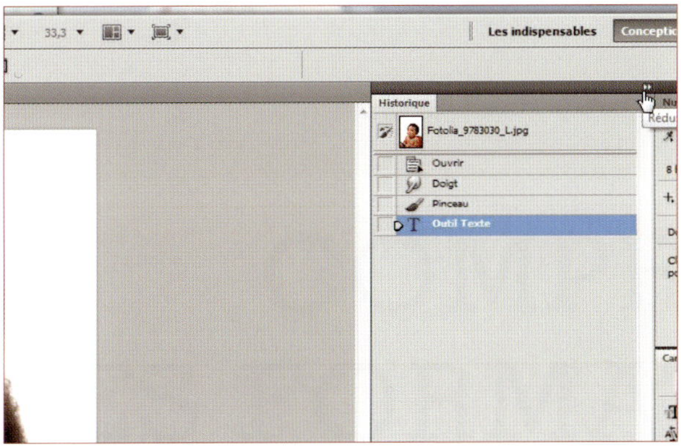

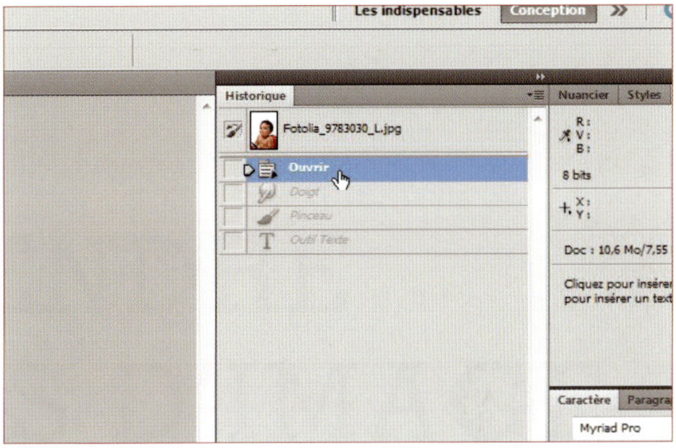

2 L'annulation de la dernière opération est utile, certes, mais limitée. En effet, vous pouvez vous rendre compte que ce n'est pas la dernière qui pose problème mais la deuxième, la cinquième ou l'avant-dernière. Dans ce cas, affichez l'historique en déployant le panneau.

3 Pour revenir sur l'une des modifications qui figurent dans cet historique, il suffit pour commencer de le placer en surbrillance à l'aide de votre souris. Un simple clic sur l'entrée dans l'historique suffit pour y parvenir. Les autres éléments de la liste s'affichent alors en grisé.

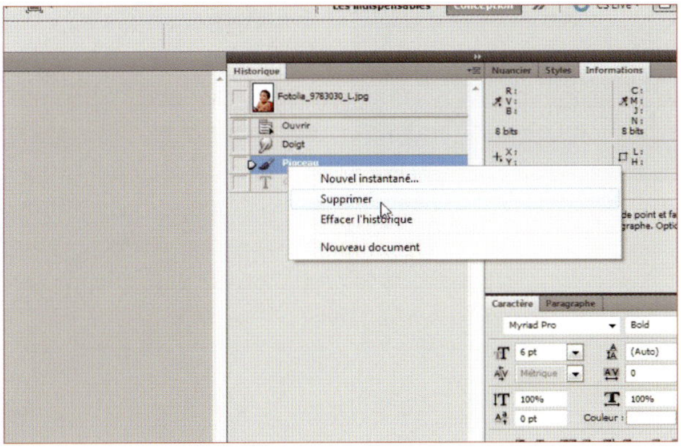

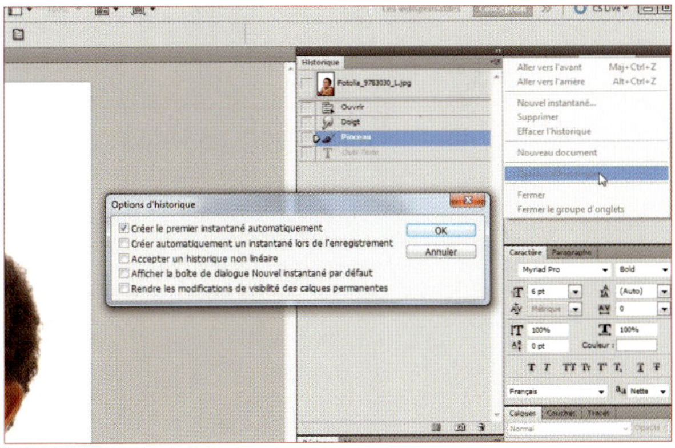

4 Vous pouvez maintenant agir de manière sélective. L'élément que vous avez placé en surbrillance peut être modifié. Pour cela, cliquez sur le bouton droit de votre souris afin d'afficher le menu contextuel et cliquez alors sur la commande Supprimer pour revenir sur cette opération.

5 Vous pouvez personnaliser le fonctionnement de l'historique. Cliquez sur le bouton qui se trouve à l'angle supérieur droit du panneau et cliquez sur Options d'historique. Une fenêtre s'affiche alors. Cochez et décochez les cases de votre choix pour cibler les actions enregistrées dans l'historique.

Choisir les bonnes extension

Il existe de nombreux formats d'enregistrement pour vos images. Selon le type d'appareil photo numérique utilisé pour les produire, vous pouvez soit disposer de fichiers au format JPEG natif très faiblement compressé, ou bien au format RAW, qui ne compresse absolument pas les données. Les fichiers sont alors très volumineux. Avec Photoshop, vous pouvez manipuler tous types d'extensions de fichier mais attention, lorsqu'il s'agira de finaliser l'opération en enregistrant, les choix peuvent être déterminants pour l'usage à venir de l'image.

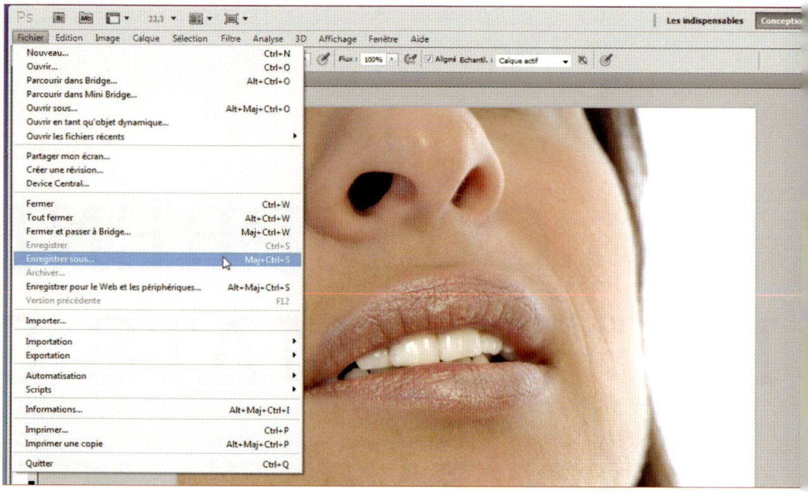

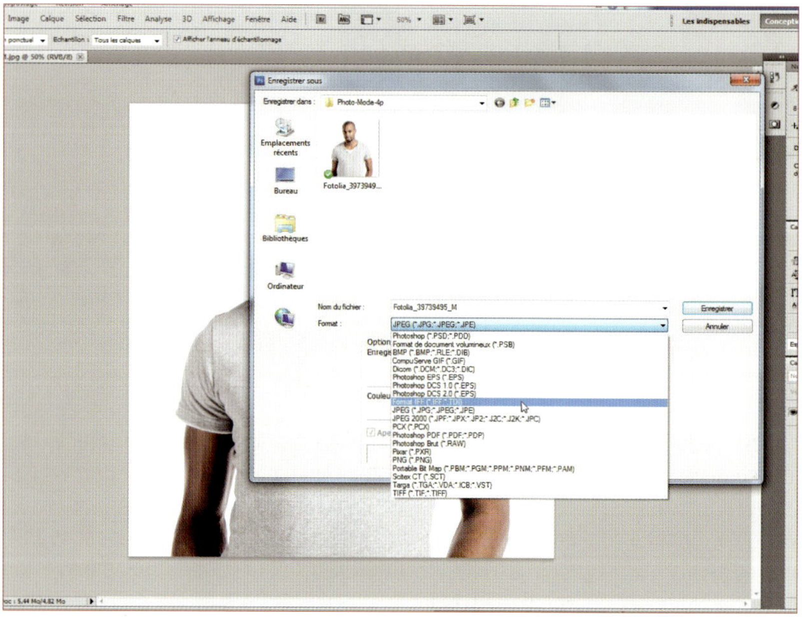

1 Pour explorer l'ensemble des formats d'enregistrement disponibles sous Photoshop, inutile de parcourir l'aide en ligne. Il vous suffit de cliquer sur le menu Fichier puis Enregistrer sous. Dans la fenêtre, cliquez sur la liste déroulante Type. Tous les formats sont listés.

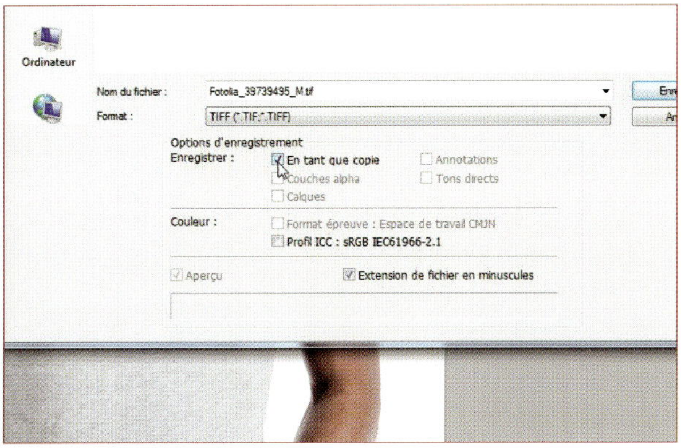

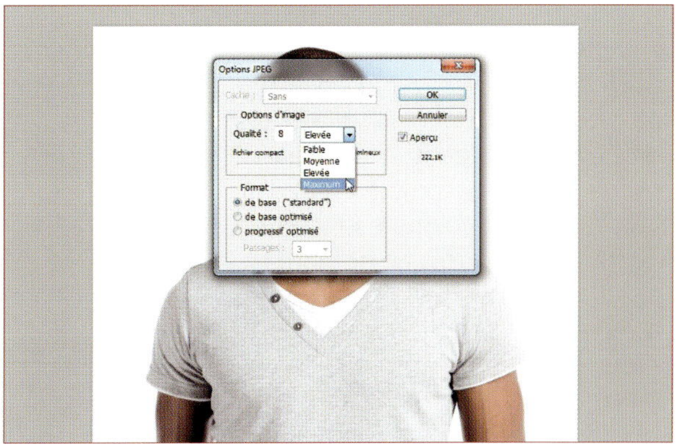

2 Il n'est pas toujours aisé de réaliser les bons arbitrages entre les différentes extensions envisageables. Si vous prévoyez par exemple d'effectuer un tirage ou une impression de très haute qualité de votre photo, mieux vaut opter pour un format non destructeur. Par exemple, le Tiff.

3 Le format JPEG présente l'avantage de réduire considérablement le poids d'une image. Ce format repose sur une technique de compression qui élimine des pixels jugés redondant. Le problème, c'est que ces pixels sont alors éradiqués. Quand vous optez pour le JPEG, ajustez le niveau de compression.

4 Créé par Adobe en langage PostScript, qui permet de décrire des images qui peuvent être constituées d'objets vectoriels et/ou bitmap, il n'est véritablement adapté que si l'image a été retouchée et enrichie de différents éléments graphiques. Utilisez-le donc avec prudence.

5 Dans la longue liste des formats avec lesquels Photoshop est compatible, il y a bien sûr le format PSD qui est le format natif du logiciel. Ce dernier produit des fichiers très volumineux, mais en optant pour le PSD, tous les calques insérés sur l'image d'arrière-plan restent actifs et modifiables.

Calibrer la zone de travail

Lorsque vous utilisez Photoshop pour retoucher vos images, il convient de distinguer la fonction Taille de l'image de celle, moins connue mais pourtant très utile, que l'on appelle la Taille de la zone de travail. La première affecte l'image elle-même, tandis que la seconde positionne l'action principale de votre travail photographique au centre d'un espace plus large. En modifiant la zone de travail, vous faites en sorte de déposer l'image au sein d'une zone plus large, qui vous permet alors de nouvelles interactions.

1 Ouvrez l'image et commencez par convertir le calque d'arrière-plan en calque 0 pour créer un objet comprenant une couche alpha (gestion de la transparence). Double-cliquez pour ce faire sur la vignette affichée dans le panneau Calque. Cliquez sur OK dans la fenêtre qui s'affiche.

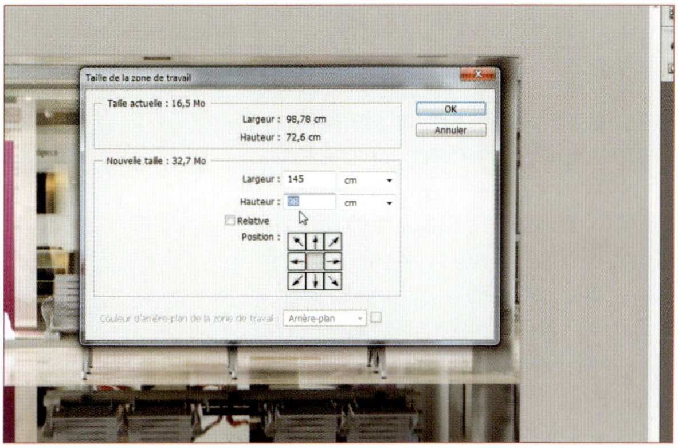

2 Pour modifier maintenant la zone de travail, il vous faut cliquer sur le menu déroulant Image et, dans la liste des commandes disponibles, cliquez alors sur Taille de la zone de travail (qui figure juste sous Taille de l'image, déjà évoquée dans ce manuel).

3 Dans le haut de la fenêtre qui s'affiche alors, vous découvrez la section Taille actuelle, suivie d'une indication de poids de l'image. Intéressez-vous à la section Nouvelle taille et, dans les champs Largeur et Hauteur, saisissez de nouvelles valeurs en centimètres.

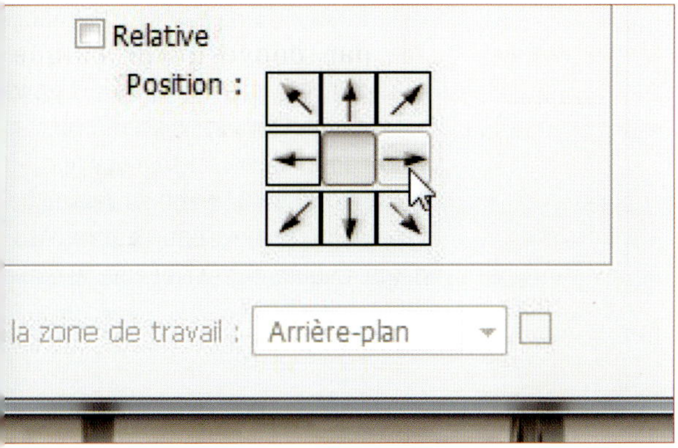

4 La zone de travail ayant été agrandie, il convient maintenant d'indiquer à Photoshop la façon dont votre image originelle doit trouver sa place sur cette zone. Pour cela, portez votre attention sur la section Position qui met en scène un carré composé de 9 cases et de 8 flèches directionnelles.

5 Pour positionner l'image au sein de la nouvelle zone de travail, cliquez à l'aide de votre souris sur les cases de votre choix. La case sur laquelle vous cliquez vous indique l'emplacement de votre photo originelle. Par défaut, elle est placée au centre mais elle peut être décalée à votre convenance.

Comprendre le format PSD

Le format PSD est le format natif des célèbres logiciels de retouche Adobe Photoshop et Adobe Photoshop Elements. Il prend en charge les calques, les annotations, les mots clés et divers autres éléments spécifiques à Photoshop. Particulièrement riche en fonctionnalités, il est un format à privilégier lorsque l'on retouche des images et que l'on souhaite avoir la possibilité d'effectuer d'autres retouches à l'avenir. Il n'est pas figé, n'oblige pas à aplatir les calques. Cependant, en contrepartie, les fichiers PSD restent très volumineux et donc difficiles à échanger via Internet notamment.

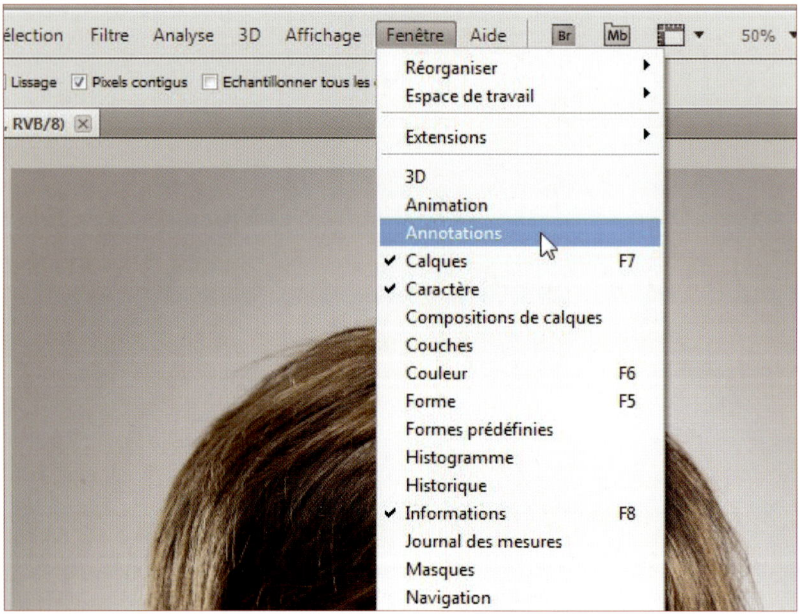

1 Parmi les avantages à utiliser le format PSD, il y a la possibilité de placer des annotations sur le visuel en cours de retouche afin de les consulter pour soi-même ou lorsque l'on travaille à plusieurs sur un projet donné. Pour insérer des annotations, cliquez sur Fenêtre et activez Annotations.

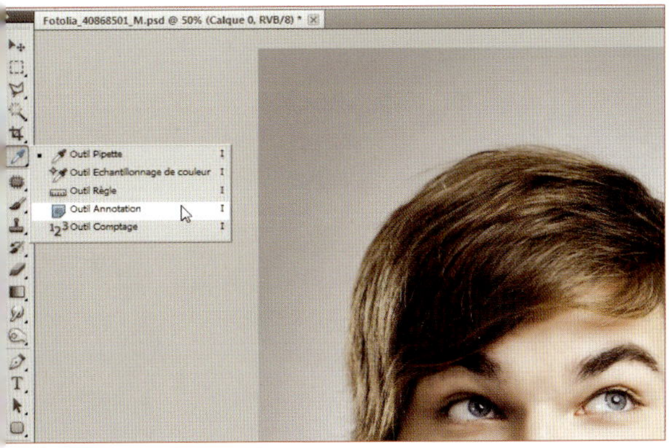

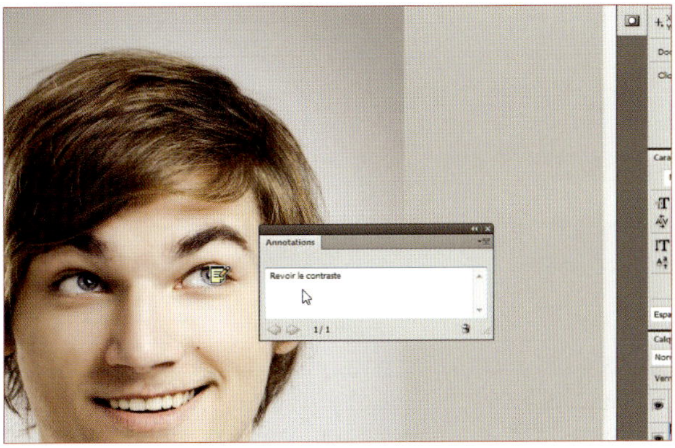

2 Dans la palette d'outils, à gauche de votre écran, cliquez sur l'icône de l'outil, Annotations. Cette icône se trouve sous la commande Rogner. Elle est symbolisée ar une espèce de post-it. L'apparence du curseur de la sou-is change dès que l'outil est actif.

3 Positionnez le post-it à l'endroit de votre choix. Le positionnement doit faire indirectement référence à l'annotation elle-même. La zone de saisie d'annotation apparue, il ne vous reste plus qu'à saisir le commentaire ou le mémo de votre choix. Pensez à rester bref.

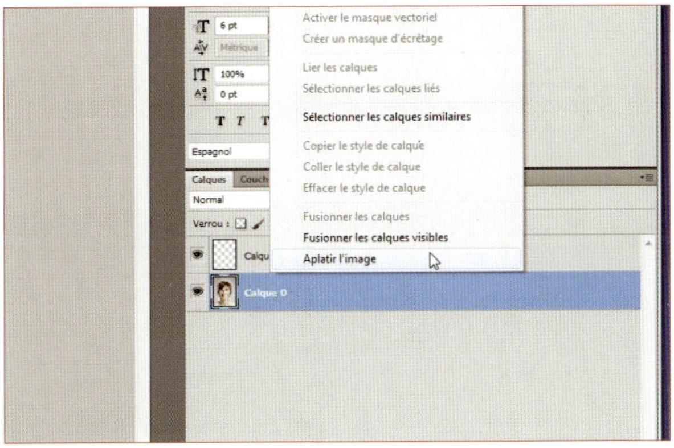

4 Par la suite, pour consulter les annotations, double-cliquez sur le post-it pour ouvrir la fenêtre. Attention cependant : si vous décidez d'enregistrer l'image dans ın format autre que le PSD, l'ensemble des annotations sera erdu. Il faut considérer ce format comme un format de ravail.

5 La gestion des calques avec le format PSD est identique aux annotations. Vous devez ainsi comprendre que, lorsque vous superposez des calques sur vos images à des fins de retouches, ceux-ci sont automatiquement aplatis si vous enregistrez au format JPG. Ils ne sont dès lors plus modifiables.

Modifier une image pour le We

Que faire d'une image de 10 Mo quand on souhaite la placer en guise d'illustration sur un site Internet ? Même si aujourd'hui les connexions sont particulièrement véloces, une image en haute résolution sur un site Web ne se justifie pas. Trop lourde, elle se révélerait beaucoup trop longue à afficher au sein du navigateur. Il est essentiel que votre image soit optimisée pour une utilisation sur Internet. Une fois encore, Photoshop vous apporte toutes les solutions ! Mais, malgré cette assistance, il faudra encore définir un certain nombre d'options pour un résultat probant.

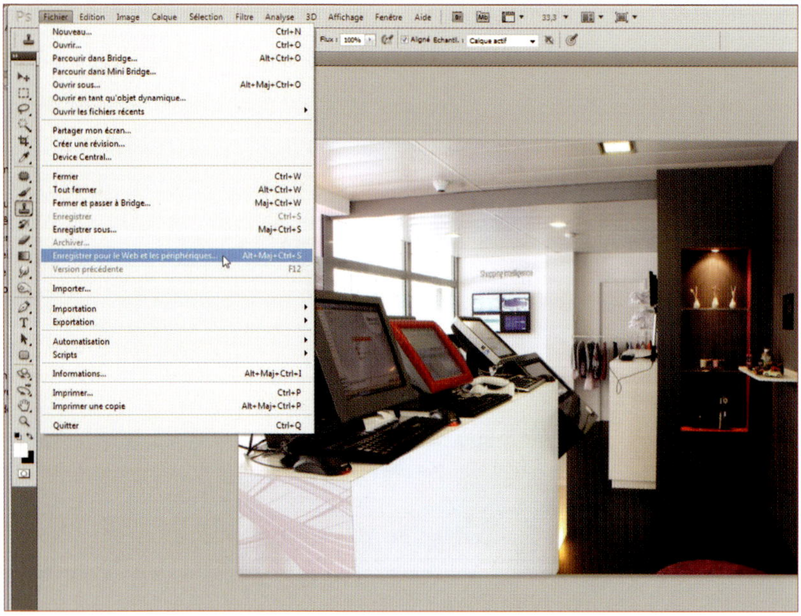

1 Ouvrez le fichier graphique que vous envisagez de modifier. Pour procéder à un enregistrement optimisé, en vue d'un usage sur Internet de l'image active, cliquez sur le menu déroulant Fichier et, dans la liste des commandes disponibles, sur l'intitulé Enregistrer pour le Web et les périphériques.

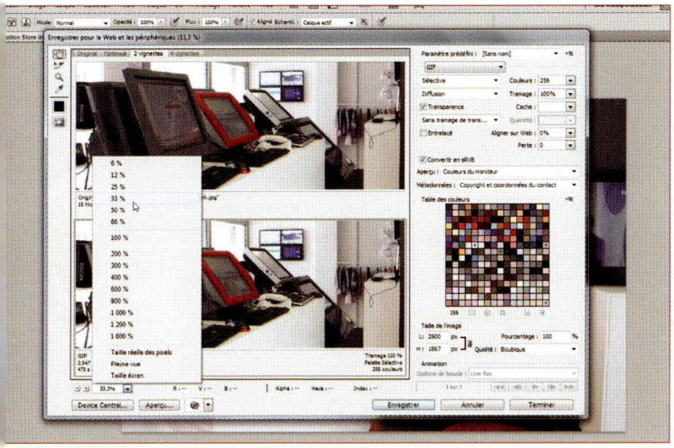

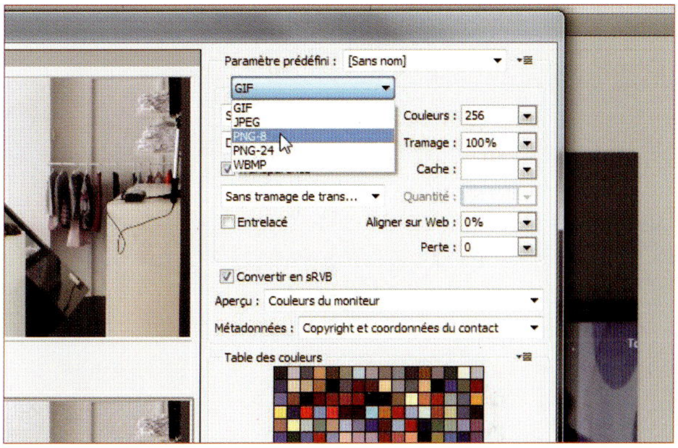

2 La fenêtre Enregistrer pour le Web s'affiche. Elle propose 4 onglets. Le premier met en scène l'image originelle et les trois autres des aperçus des versions nodifiées qui vous permettent de vous assurer de la qualité le l'image malgré les options compression que vous allez ctiver. Ajustez le zoom.

3 Dans la partie droite, modifiez les formats d'enregistrement et vérifiez dans la vignette du bas le poids de l'image, en comparaison avec le poids de l'image d'origine. Chaque format dispose de ses options de configuration propres. Passez-les en revue pour limiter le poids sans altérer l'image.

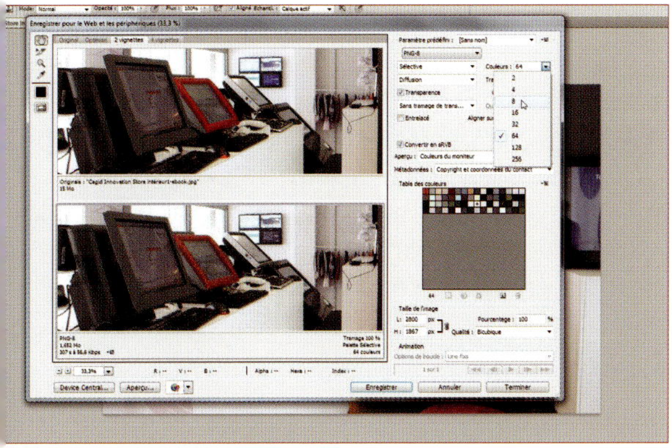

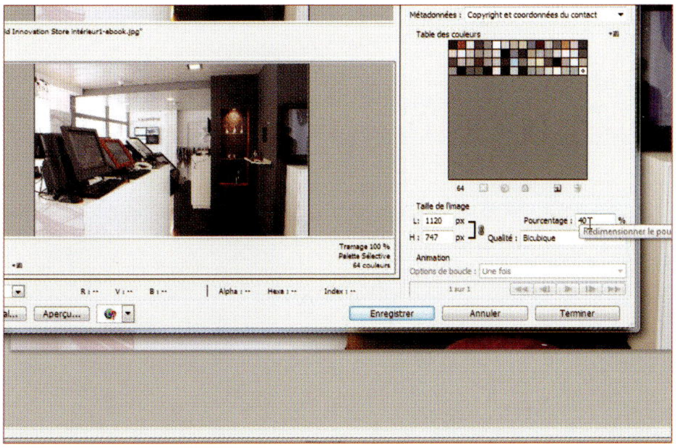

4 Cliquez sur la liste déroulante Couleurs et limitez le nombre de couleurs traitées par l'image. C'est un levier déterminant pour réduire le poids de l'image, mais ttention, cela ne fonctionne sur tous les types de visuels. n passant de 256 à 64 couleurs, le poids peut être divisé ar deux.

5 Dans la partie inférieure droite de l'écran, réduisez la taille de l'image. Pour un usage sur Internet, vous pouvez vous contenter de la taille d'affichage au sein du site Web. En réduisant le nombre de pixels, l'impact sur le poids de l'image est considérable. Cliquez sur Enregistrer pour valider.

Exporter ses images

Lorsque l'on a fini de retoucher une image, l'idéal est encore de la partager avec le plus grand nombre. Les formats d'enregistrement fournis par Photoshop sont nombreux, variés et pertinents. Pourtant, ils ne répondent pas toujours à vos besoins. Utilisez alors les options d'exportation à votre disposition et notamment l'export vers Zoomify, qui est intéressante pour gérer des zooms progressifs de haute définition utilisables sur des sites Internet. Par ailleurs, si vous possédez la suite CS5, vous pourrez également exporter les tracés de vos photos vers Illustrator afin de les redessiner.

1 Il n'est même pas nécessaire d'avoir effectué des retouches sur vos images pour utiliser les fonctions associées à l'exportation de fichiers. Ouvrez n'importe quelle image à traiter et cliquez sur le menu déroulant Fichier. Dans la liste des commandes disponibles, cliquez sur l'intitulé Exportation.

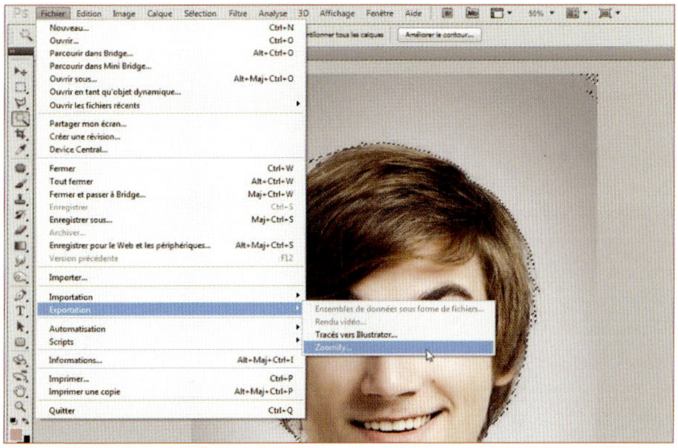

2 Un volet se déploie alors vers la droite. Dans un premier temps, cliquez sur la commande Tracés vers Illustrator. Une nouvelle fenêtre est alors ouverte et vous propose quelques options d'exploitation. Cliquez sur OK puis nommez votre fichier pour l'exploiter sous Adobe Illustrator.

3 Vous pouvez également utiliser l'autre commande disponible dans le volet additionnel associé à l'intitulé Exportation. Dans ce volet, cliquez sur la commande Zoomify. Ce service a fait son apparition sur Photoshop depuis la version CS4. Il est très simple d'utilisation.

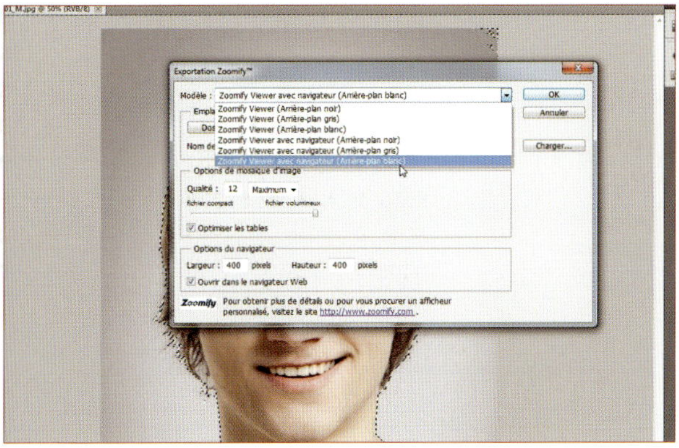

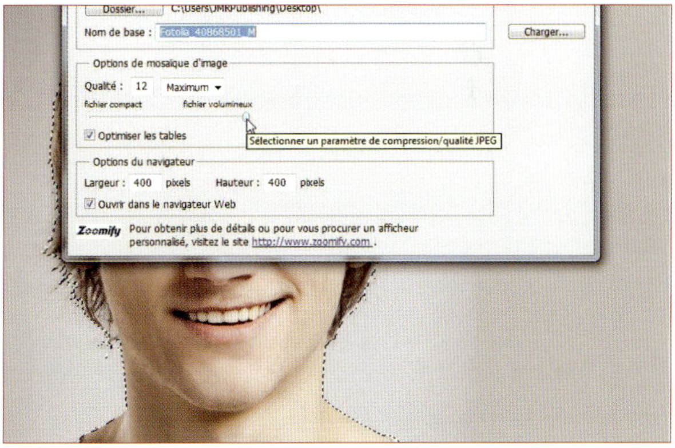

4 La fenêtre Exportation Zoomify s'affiche alors. Pour utiliser ce service, vous êtes accompagné dans le moindre détail. Cliquez sur la liste déroulante Modèle et choisissez la façon dont la page HTML intégrant le zoom haute définition sera générée. Optez pour un fond blanc, plus neutre.

5 Cliquez sur le bouton Dossier pour sélectionner un autre répertoire d'enregistrement que celui qui est proposé par défaut et choisissez un niveau de compression pour adapter le poids du fichier à un affichage en ligne, tout en préservant la qualité. Validez par OK, un fichier HTML est alors généré.

COMPRENDRE LES CALQUES

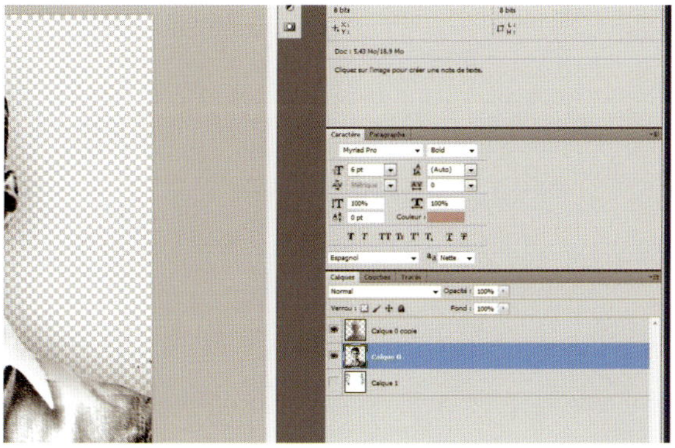

Gérer les propriétés d'un calque

Les calques sont véritablement les composantes de base de toute activité sur Photoshop. Sans eux, vous ne pourriez pas travailler aussi librement à l'amélioration de vos photos. Lorsque vous ouvrez un nouveau document Photoshop, celui-ci contient un calque. Vous pouvez y ajouter d'autres calques de façon à organiser votre travail. Vous pouvez dessiner et modifier des objets sur un calque sans toucher aux objets des autres calques. Les calques peuvent à tout moment être modifiés, repositionnés, réorganisés. Il faut alors être en mesure d'en gérer toutes les propriétés.

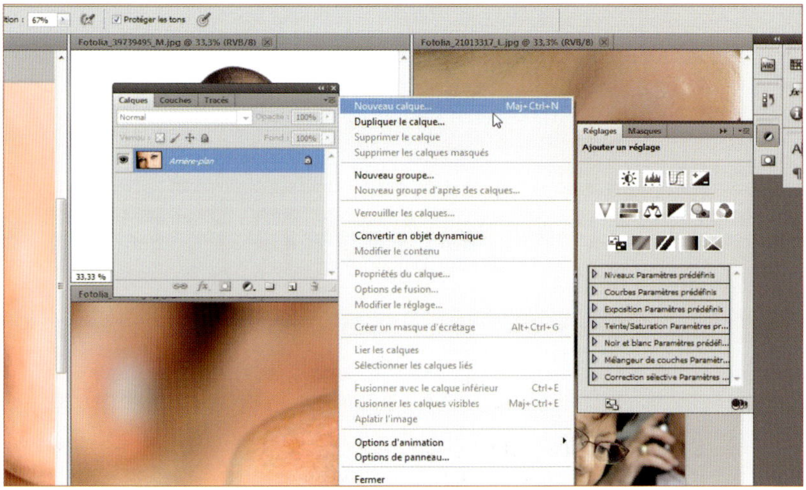

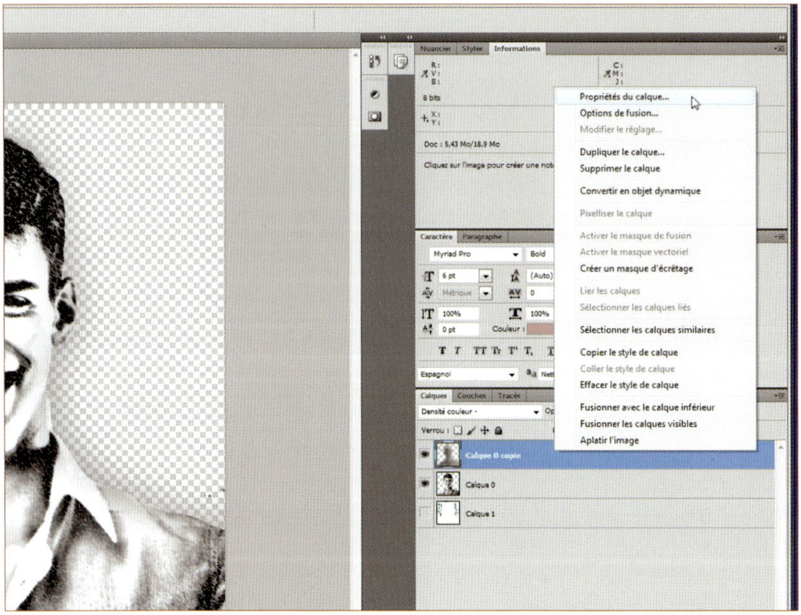

1 Dans le panneau Calque, cliquez sur l'un des calques qui composent votre image. Ce dernier apparaît alors en surbrillance. Avec le bouton droit de votre souris, ouvrez le menu contextuel de ce calque et cliquez alors sur l'intitulé Propriétés du calque.

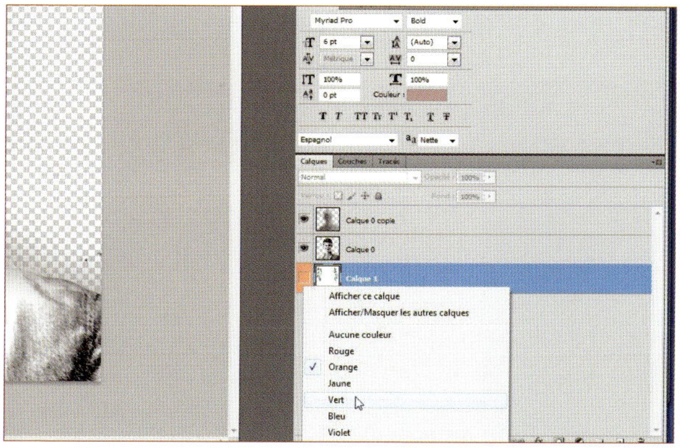

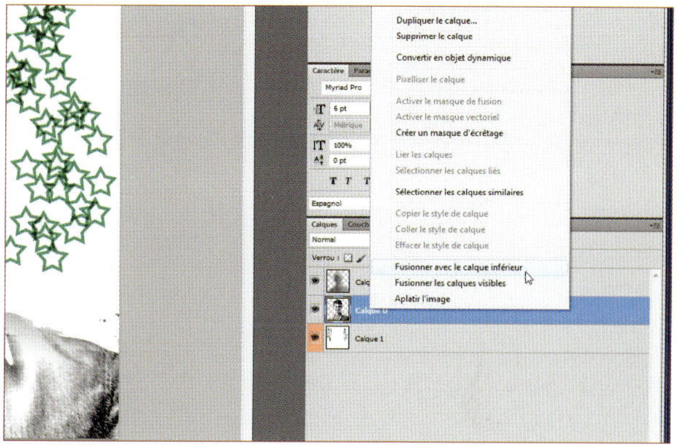

2 Dans la fenêtre des propriétés, vous pouvez changer le nom du calque pour le rendre plus explicite dans le panneau Calque. Vous pouvez aussi lui attribuer une couleur qui, une fois encore, contribuera à le distinguer dans le panneau. Un point crucial quand les panneaux se multiplient.

3 Lorsque deux calques contribuent à obtenir un effet similaire, il peut s'avérer judicieux de les fusionner afin de rationaliser l'espace dans le panneau Calques mais aussi de travailler ces deux calques de concert. Ouvrez le menu contextuel et cliquez sur Fusionner avec le calque inférieur.

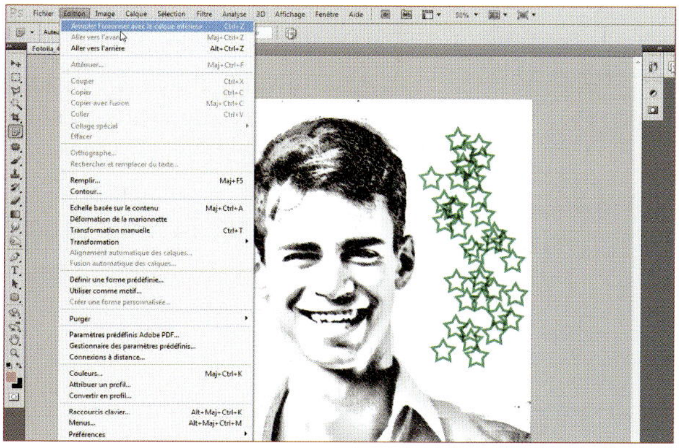

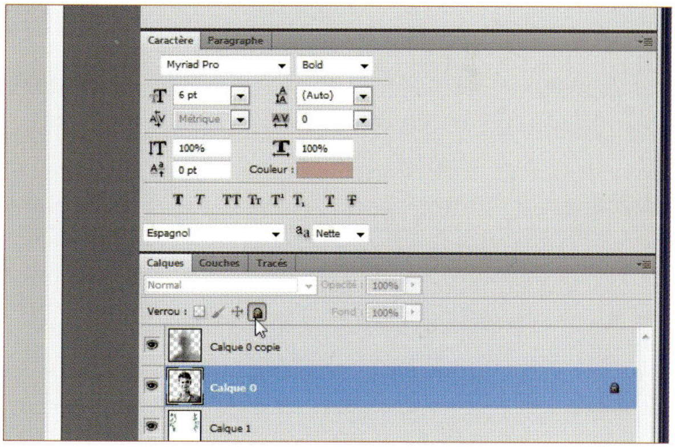

4 Après que vous avez fusionné avec le calque inférieur, la photo ne ressemble plus à ce qu'elle devait être ? Pas de panique. Vous pouvez revenir sur la fusion en utilisant le raccourci-clavier CTRL+ Z. vous pouvez aussi cliquer sur le menu déroulant Édition puis sur Annuler Fusionner avec Calque inférieur.

5 Lorsqu'un de vos calques est finalisé et si, après avoir consacré beaucoup de temps à sa mise en place et à sa configuration, il vous satisfait, verrouillez-le. Ainsi, sa position et ses propriétés ne peuvent plus être modifiées par erreur. Cliquez pour cela sur l'icône représentant un cadenas.

Découvrir les styles de calque

Créer et appliquer un calque est une première étape incontournable. Cependant, pour que vos différents calques puissent remplir correctement la mission qui leur est dévolue, il faut en affiner l'action grâce à un certain nombre d'options et de styles de fusion qui définissent la façon dont les calques vont se superposer les uns aux autres. Un même calque auquel sont associés différents styles peut remplir différents offices et affecter très différemment l'arrière-plan de votre image. Apprenez à maîtriser ce large éventail d'options pour obtenir un résultat optimal.

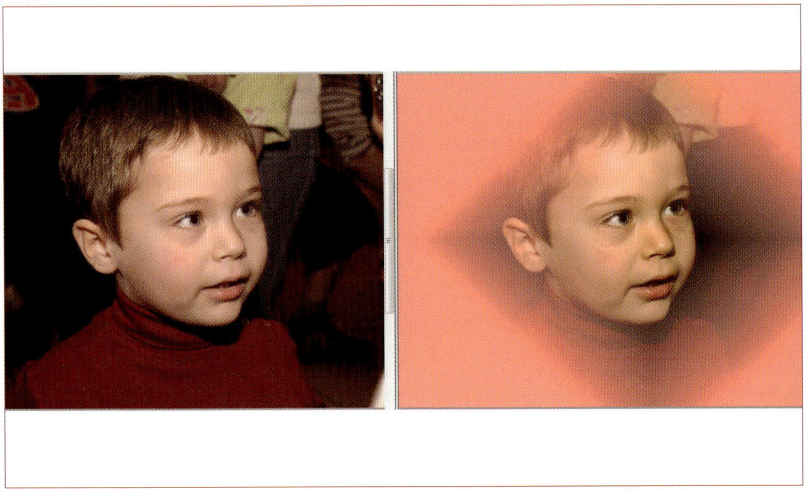

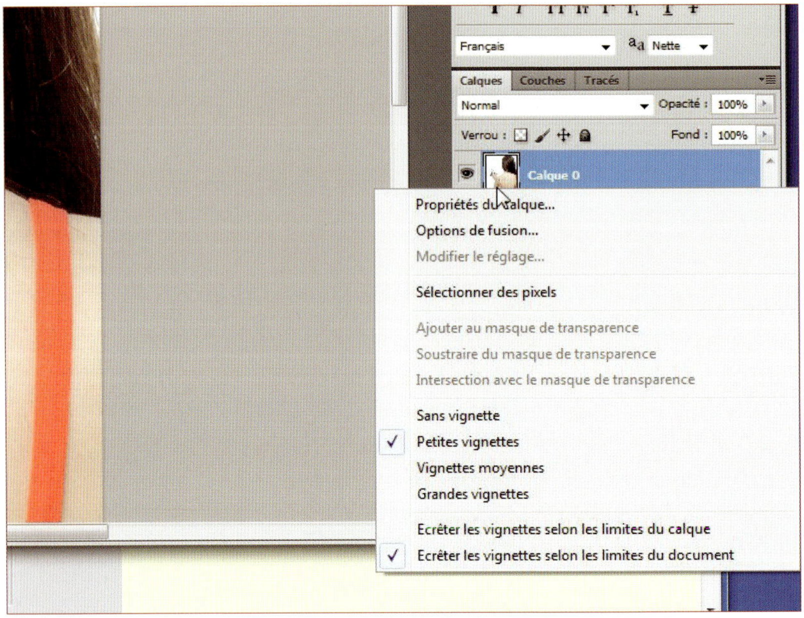

1 Photoshop est fourni avec un certain nombre de styles de calque. Vous y accédez depuis la palette Styles ou à partir du panneau via la boîte de dialogue « Style de calque ». Sachez par ailleurs que différents styles peuvent être appliqués simultanément. Effectuez un clic droit sur le calque.

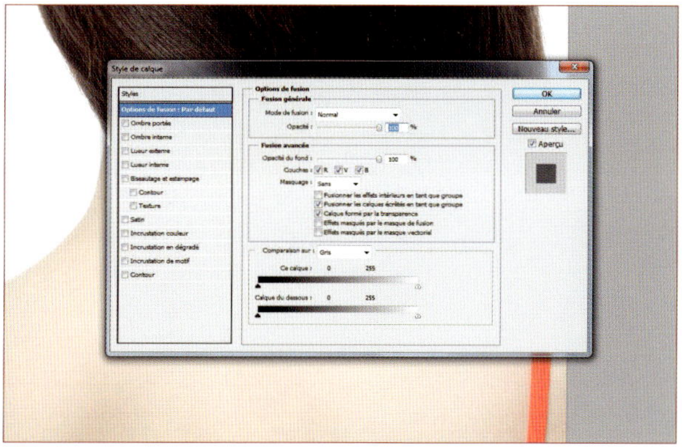

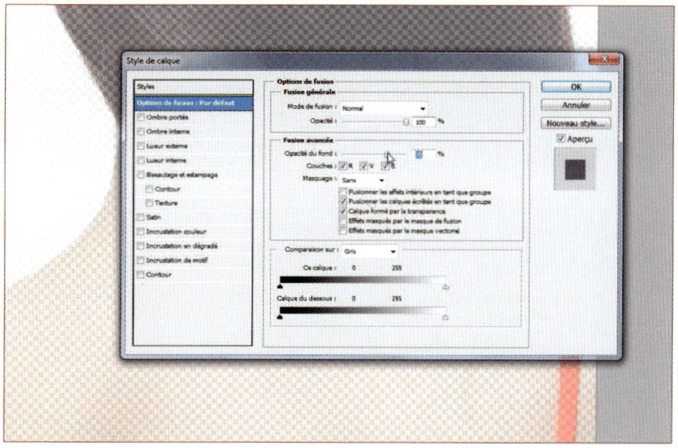

2 Dans le menu contextuel, cliquez sur la commande Options de fusion. La fenêtre style de calque s'affiche instantanément au centre de l'espace de travail de Photoshop. Dans le volet de gauche, vous pourrez trouver les rubriques de styles. Cochez les cases pour activer un style.

3 Vous pouvez appliquer les effets prédéfinis en cliquant sur un style ou en le glissant sur votre calque ou sur votre masque. Instantanément, les effets sont reproduits sur votre calque ou sur votre masque. À tout moment, vous pourrez modifier les caractéristiques du style appliqué.

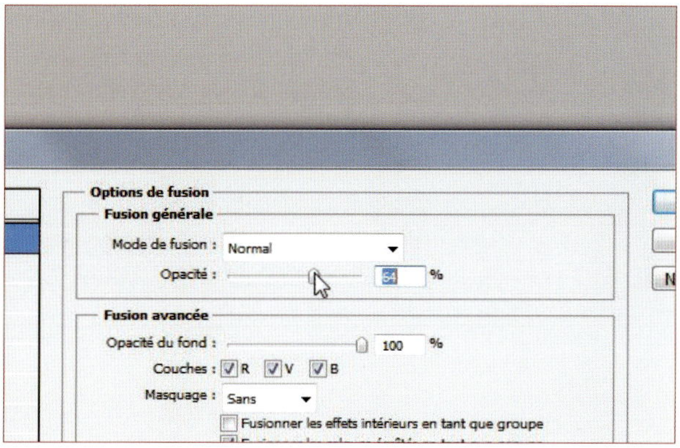

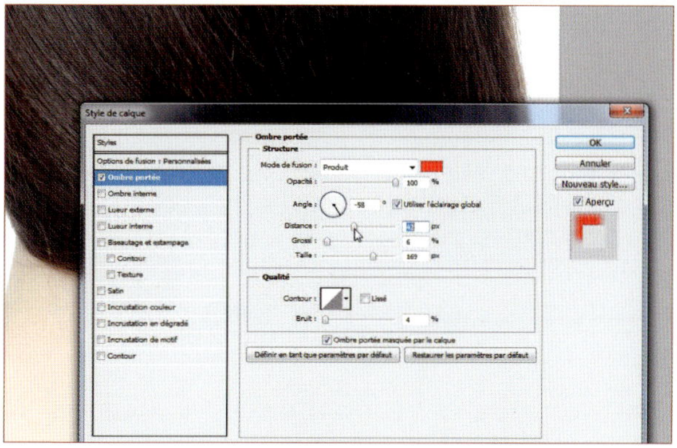

4 Quand vous demandez l'ouverture de la boîte de dialogue Options de fusion, le panneau affiche « Options de fusion : par défaut ». Pour chaque style que vous sélectionnerez, il faudra notamment ajuster l'opacité à l'aide du curseur. Plus l'opacité est élevée, plus l'effet est important.

5 En cochant la case Ombre portée, dans le volet de gauche, vous appliquez une ombre derrière le contenu du calque qui doit comporter des pixels transparents. Si vous n'avez pas de pixels transparents, l'effet ne sera pas vraiment perceptible, même en augmentant l'opacité.

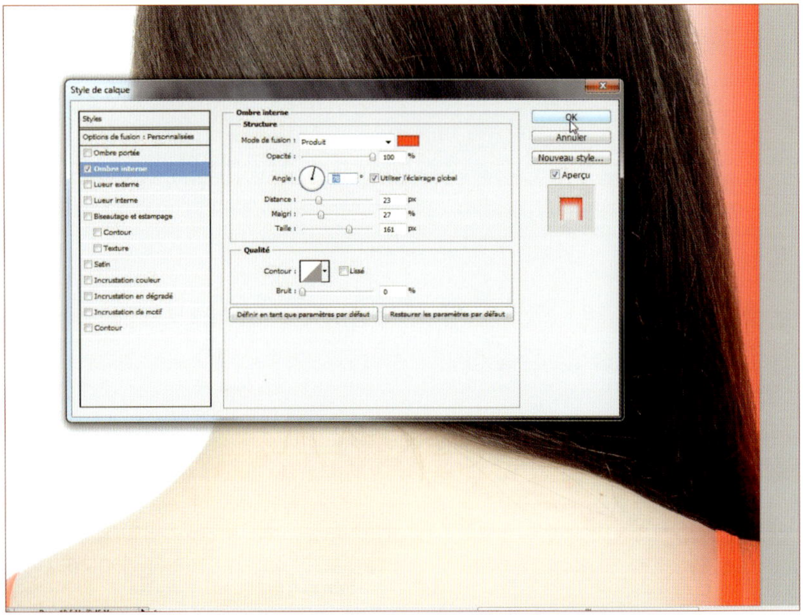

6 Si vous cochez plutôt la case Ombre interne, vous pouvez appliquer une ombre qui se positionne à l'intérieur des pixels opaques du calque, donnant ainsi l'illusion que ces derniers sont enfoncés. Les paramètres de configuration de ce style sont sensiblement identiques à ceux de l'ombre portée.

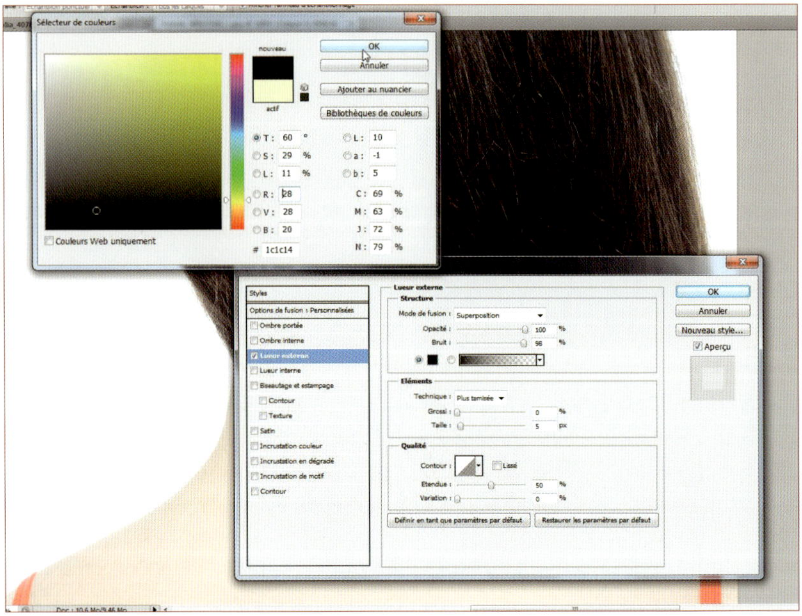

7 L'option de fusion Lueur externe est particulièrement intéressante, car elle ajoute des effets de halo sur les bords externes des pixels opaques du calque. L'aspect de la lueur peut selon les cas devenir granuleux si vous augmentez sa valeur en faisant glisser le curseur dans la barre.

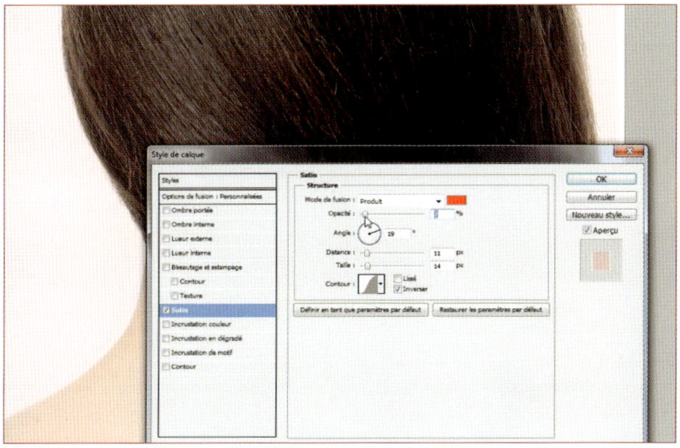

8 L'item Satin, que vous pourrez cocher dans le volet de gauche, a pour effet de remplir l'intérieur du calque d'une texture obtenue par superposition de copies décalées du calque. Il crée un effet satiné. Près de la liste déroulante Mode de fusion, cliquez sur le carré de couleur pour afficher le nuancier.

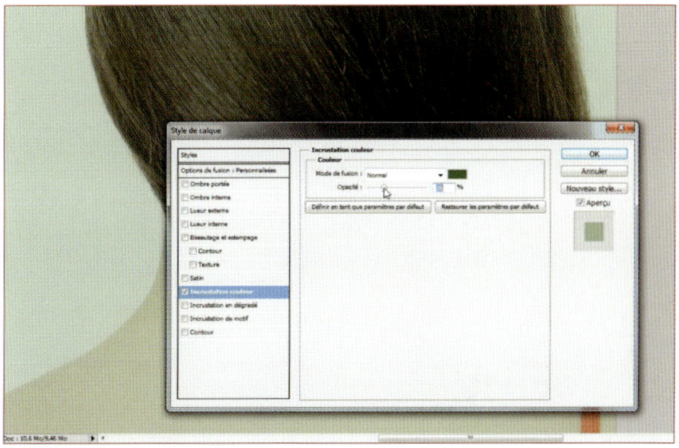

9 L'incrustation de couleur est elle aussi particulièrement utile. Cette option remplit les pixels opaques du calque à l'aide d'un aplat de couleur. Cliquez sur la case colorée pour ouvrir le sélecteur de couleurs. Le pendant direct de ce mode, c'est l'incrustation en dégradé.

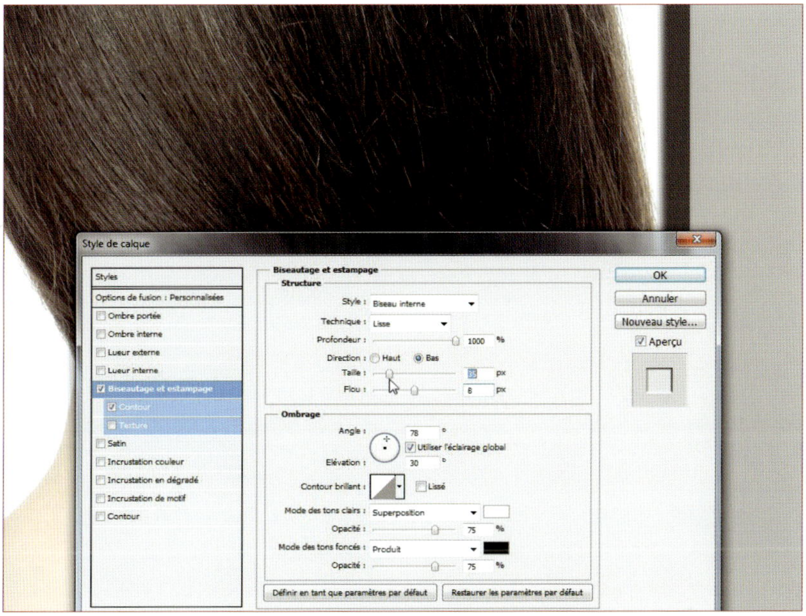

10 L'option Biseau et estampage ajoute une série de reflets et d'ombres combinés sur les bords internes ou externes des pixels opaques du calque pour donner une impression de relief ou d'effet 3D, pour les biseautés, ou une impression d'éléments ressortis ou enfoncés, pour l'estampage.

Interagir avec les calques

Que feriez-vous sous Photoshop sans les calques ? Calques de réglages, d'après l'arrière-plan, calques par Copier, etc. Ces éléments clés vous permettent de retoucher vos images en toute liberté et surtout sans jamais prendre le risque de perdre de vue ce qu'était le document initial. Les calques se superposent les uns à la suite des autres. Leurs actions respectives peuvent être associées, elles peuvent être cumulées pour que le rendu final soit vraiment optimal. Il faut cependant être en mesure de les configurer afin de les adapter à tous vos besoins.

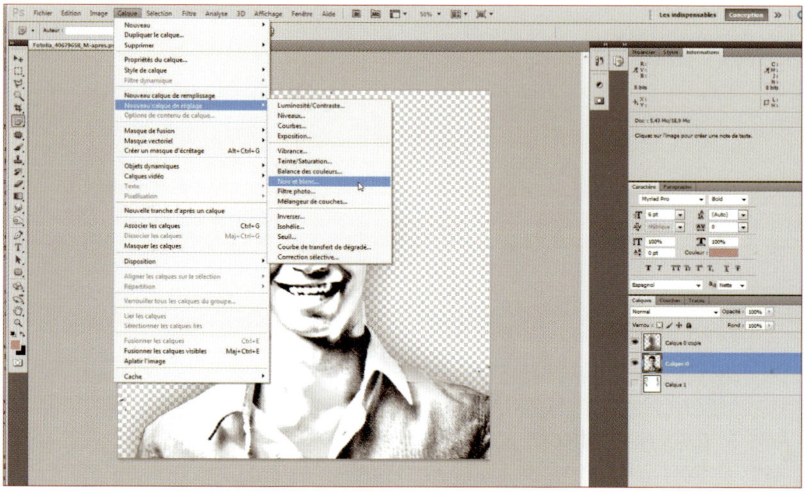

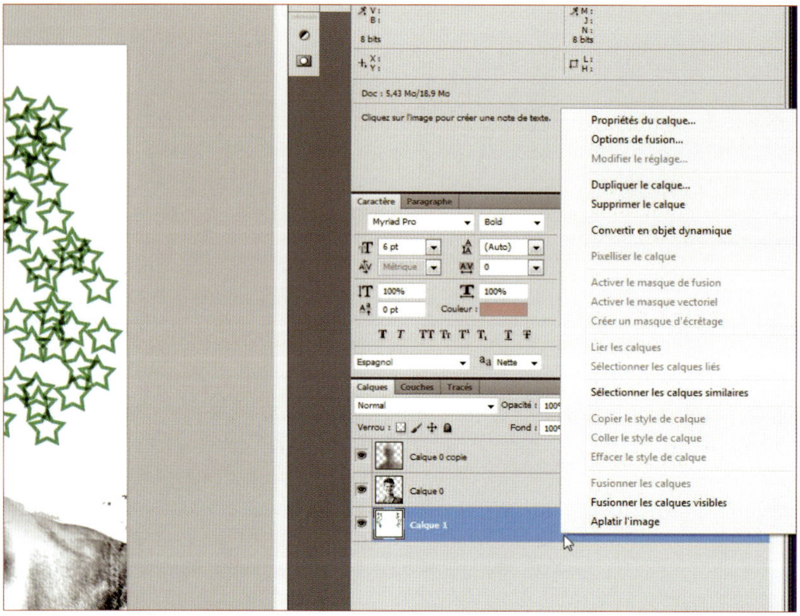

1 Lorsque vous utilisez les calques pour retoucher vos photos ou pour créer des illustrations de toutes pièces, vous superposez des calques qui possèdent chacun leurs propriétés spécifiques. Toutes les informations liées aux calques figurent dans le panneau situé dans l'angle inférieur droit de l'écran.

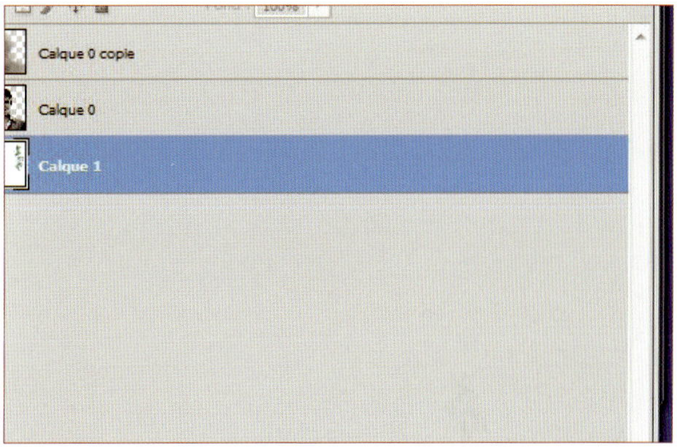

2 Lorsque vous effectuez des modifications à l'aide d'un calque, il faut pouvoir juger en temps réel de l'effet obtenu par rapport à l'image initiale. Cliquez sur l'icône représentant un œil, à gauche de chaque calque. Vous pouvez alors l'afficher ou le masquer dans l'espace de travail.

3 Pour créer un nouveau calque, vous pouvez bien sûr utiliser le menu déroulant Calque, présent dans la barre de menu principale. Vous pouvez aussi effectuer un clic droit sur l'image et ouvrir le menu contextuel. Le panneau Calque offre aussi une barre d'outils pour créer rapidement un calque.

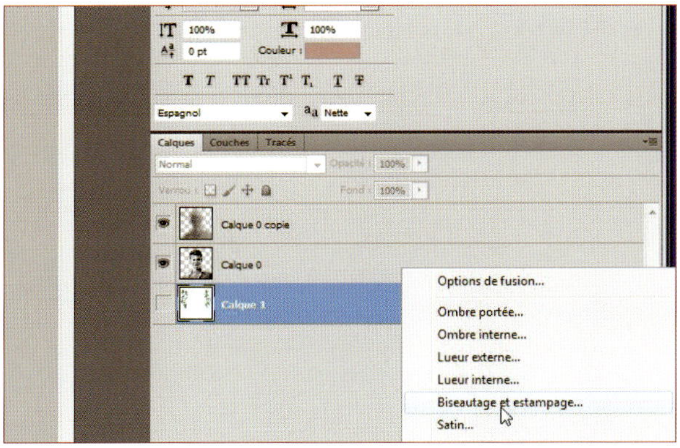

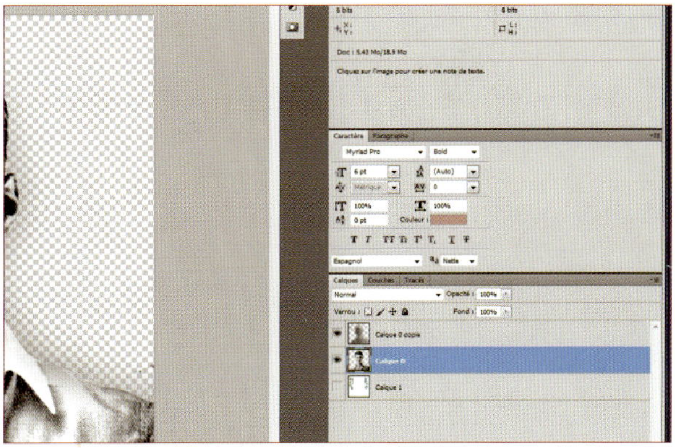

4 Pour modifier rapidement un calque et lui appliquer différents modes de fusion personnalisés, vous pouvez également utiliser la barre d'outils du panneau. Cliquez sur le bouton « fx ». Un menu est déployé et propose d'appliquer différents types de fusion pour le calque que vous aurez sélectionné.

5 Pour créer un calque de remplissage ou de réglage (indispensable pour corriger un portrait), vous n'êtes pas obligé de passer par le menu Calque puis Nouveau et Calque de réglage. Cliquez sur le quatrième bouton de la barre d'outils Calques dans le panneau. Le gain de temps est réel.

TRAVAILLER AVEC LES SÉLECTIONS

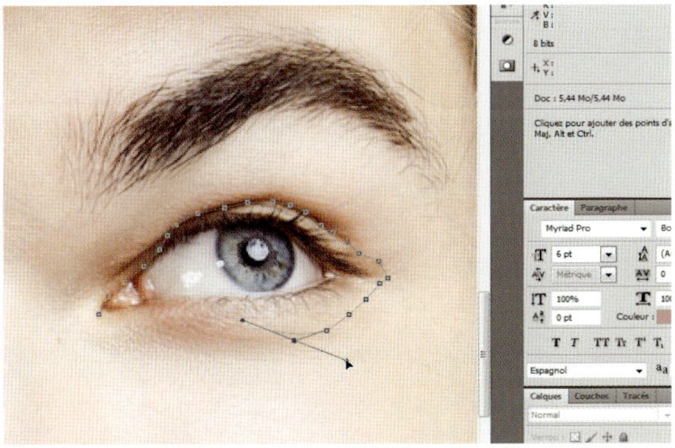

Sélectionner une zone uniforme

Améliorer les couleurs d'un ciel en arrière-plan, redonner bonne mine à un personnage un peu pâli par un flash trop violent, ou tout simplement appliquer un filtre sur une portion donnée de votre image, cela implique nécessairement de créer des zones de sélection. Photoshop n'effectue ensuite les modifications que sur ces zones spécifiques que vous avez mises dès lors en surbrillance. Effectuer une sélection précise prend du temps, mais lorsque les couleurs sont uniformes, la baguette magique peut alors faire des miracles.

1 Ouvrez la photo et, dans le volet de gauche, au sein de la palette d'outils, cliquez sur l'icône symbolisant la baguette magique. Celle-ci ne peut pas fonctionner sur n'importe quel type de photo car elle repose sur une sélection de pixels adjacents présentant des caractéristiques de couleur proches.

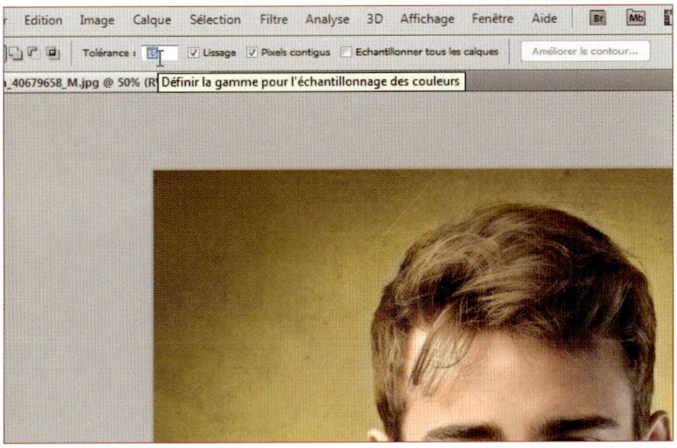

2 Au sommet de l'espace de travail, dans la barre d'outils contextuelle, vous trouvez différentes commandes et options qu'il convient d'ajuster. Le plus important de tous, c'est la tolérance, qui détermine la sensibilité de la baguette dans la sélection. Portez en général cette valeur à 30.

3 Intéressez-vous maintenant à la zone de l'image à sélectionner. Vous constatez que l'icône de la souris a changé d'apparence et représente maintenant une baguette magique. Cliquez avec le bouton gauche de la souris, les pixels sélectionnés sont encadrés de pointillés.

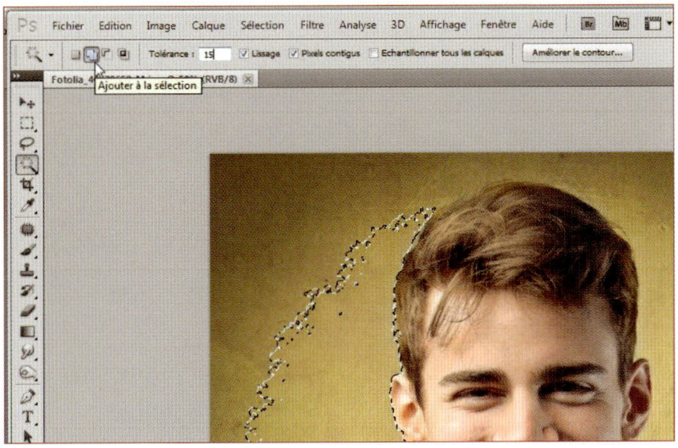

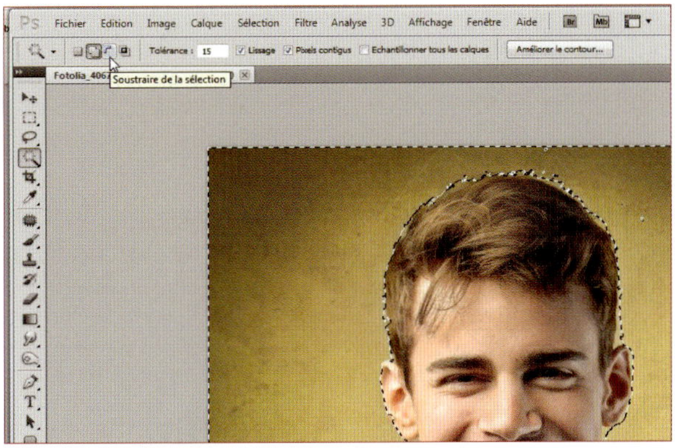

4 Vous constatez que votre sélection est alors relativement imparfaite. Pour la compléter, cliquez dans la barre d'outils contextuelle sur le bouton Ajouter à la sélection. Réduisez ensuite la valeur dans le champ Tolérance pour la porter à 15 puis cliquez pour compléter.

5 Si des pixels ont été sélectionnés par erreur, c'est que la tolérance est trop forte. Cliquez sur le bouton Soustraire de la sélection, puis ajustez la valeur de la tolérance. Cliquez sur les zones à retirer de votre sélection. Plus la tolérance est faible, plus le travail est fin.

Des contours rapides au lasso

Le lasso est un cousin de la baguette magique car il vous permet des sélections rapides et relativement précises à partir d'une analyse des pixels et de leurs concordances éventuelles. Grâce à lui, la sélection de formes arrondies est rapide. Mais il faut cependant que les couleurs soient contrastées pour que la détection puisse offrir de bons résultats. Il existe trois types de lassos. Le lasso dit « normal », le lasso polygonal, que l'on privilégiera pour les formes géométriques ou plus anguleuses, et enfin le lasso magnétique qui positionne des points d'ancrage au fur et à mesure de la sélection.

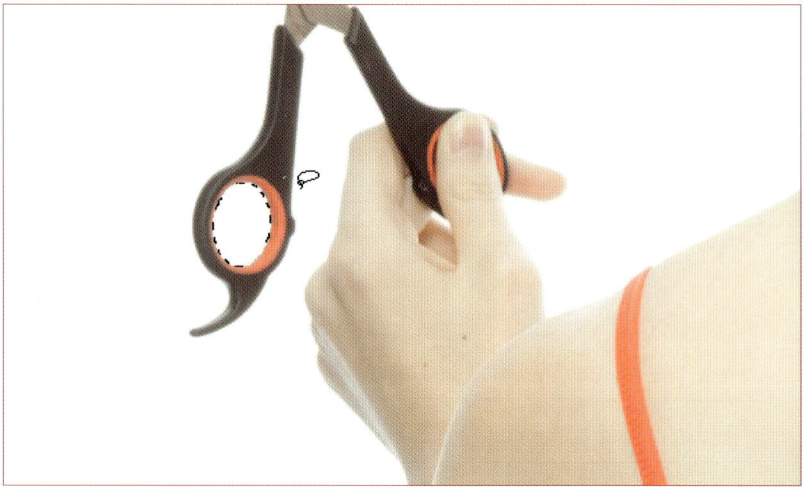

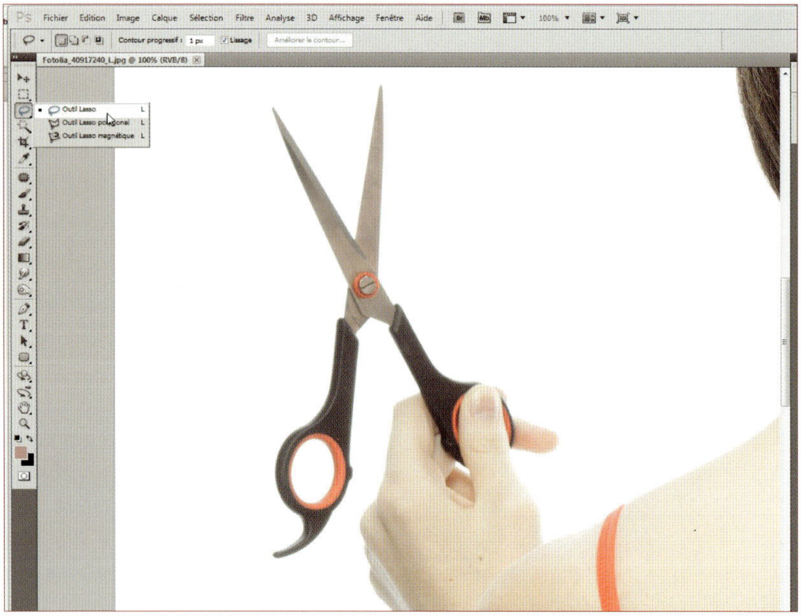

1 Le lasso est utilisable sur n'importe quel type de visuels à la différence de la baguette magique qui exige des zones uniformes pour exprimer son plein potentiel. Dans un premier temps, cliquez sur le lasso dans la palette. Un clic long affiche les différents types de lassos. Sélectionnez le premier.

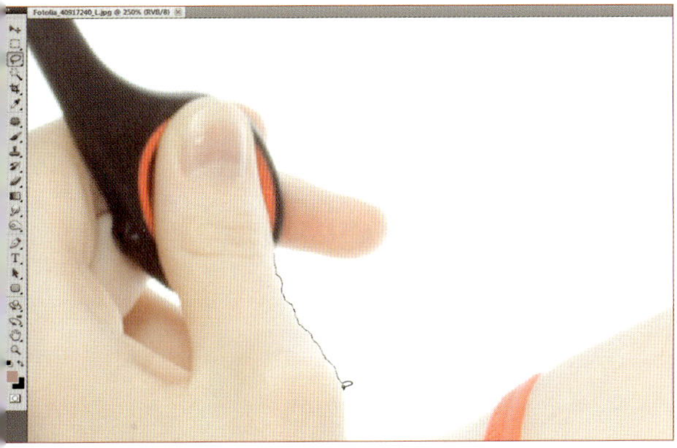

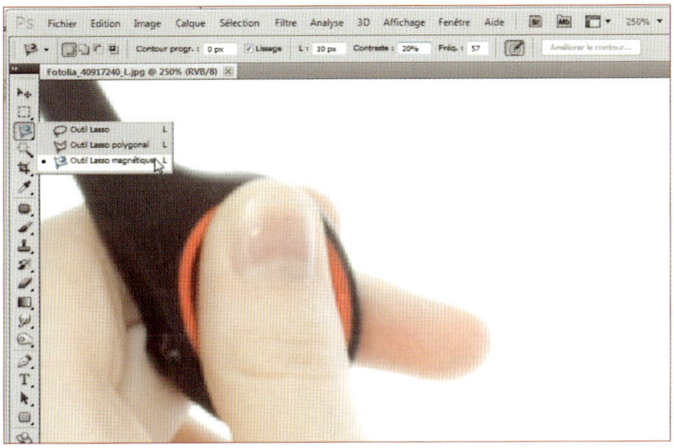

2 À l'aide de votre souris, vous allez pouvoir entamer le processus de sélection. Cliquez avec le bouton gauche de la souris puis déplacez progressivement le curseur pour tracer peu à peu la zone de sélection. Prenez votre temps pour ne pas déraper.

3 Si vous avez des tendances parkinsoniennes et que les déplacements de la souris sont trop tremblotants pour offrir le traçage d'une zone de sélection exploitable, mieux vaut sans doute opter pour l'activation du lasso magnétique qui est d'une aide considérable. Réglez le contraste à 20 %.

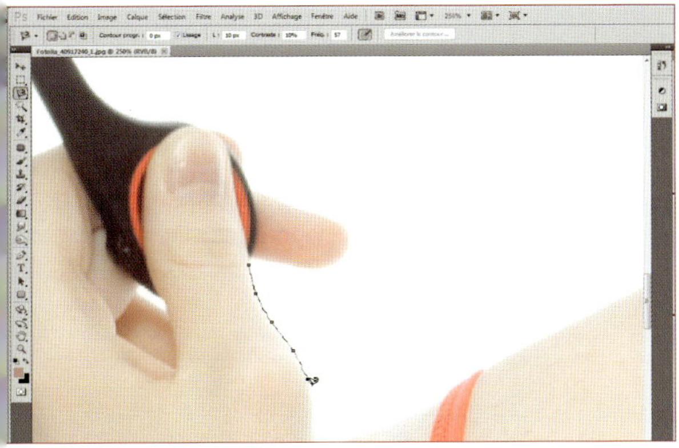

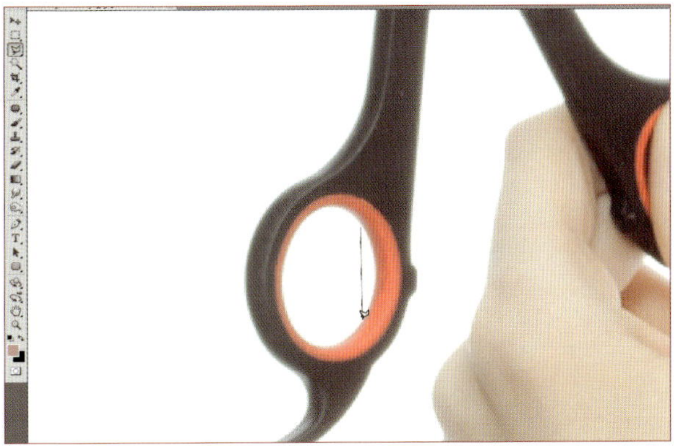

4 Positionnez le curseur de la souris au début de la zone à sélectionner. Cliquez sur le bouton gauche de la souris pour entamer la sélection. Inutile de maintenir la pression sur le bouton. Le lasso magnétique repère les contours et les suit aussi précisément que possible. Bougez lentement.

5 Si vous devez procéder à la sélection d'une portion de votre image tout en rondeurs, évitez le lasso polygonal qui ne peut servir qu'à tracer des sélections rectilignes qui peuvent être assemblées. Dans ce cas, les sélections sont trop abruptes pour que les retouches à venir soient crédibles.

Sélections complexes à la plum

Parmi les nombreux outils de sélection intégrés à Photoshop, la plume est sans doute celui qui offre la plus grande précision car il permet d'effectuer des sélections de contours très complexes en créant des successions de point. Associée aux courbes de Béziers qui permettent de suivre scrupuleusement les arrondis, la plume fait littéralement des merveilles. Elle est si précise que si vous augmentez considérablement le zoom, vous pourrez pour ainsi dire accéder à une précision de l'ordre du pixel. Pensez ensuite à convertir les points d'ancrage en zones de sélection.

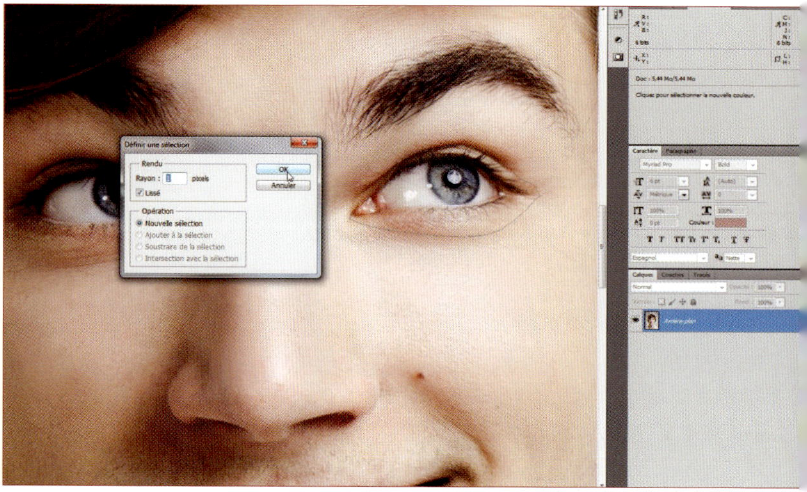

1 Cliquez sur la plume dans la palette d'outils. Elle présente l'avantage d'être très précise et s'utilise sans risque d'erreur car vous n'avez pas à tracer des contours comme vous le feriez au lasso. Ajoutez autant de points que nécessaire pour épouser la forme de la zone à sélectionner.

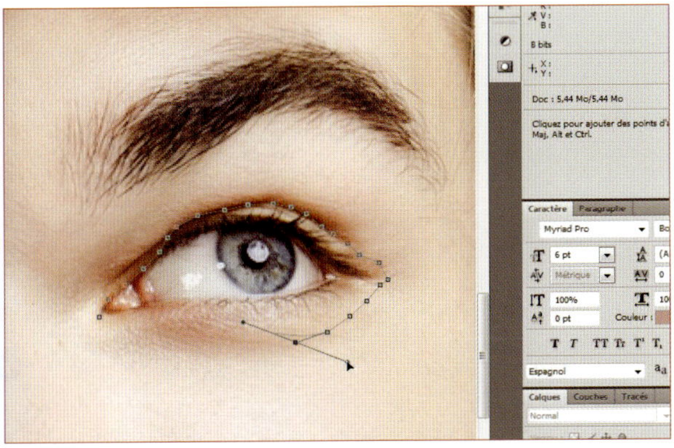

2 Vous pouvez gagner en précision pour tracer les contours en utilisant les courbes de Béziers. Positionnez le curseur de la souris sur un des points que vous avez déposés. En maintenant la pression, vous pouvez affiner l'angle et l'arrondi de sélection entre deux points de plume.

3 Cliquez sur l'outil Ajout de point d'ancrage. Cet instrument permet d'insérer des points (clic simple sur le tracé, en dehors d'un point existant), de régler la force et la direction des demi-tangentes (cliquer-glisser sur le point extrémité de la tangente), et de déplacer les points anguleux.

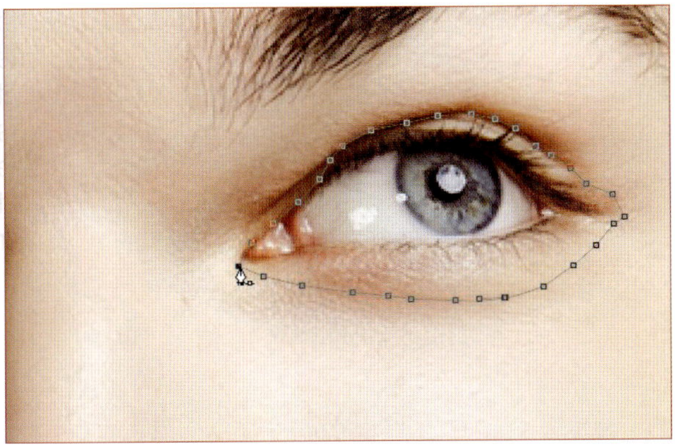

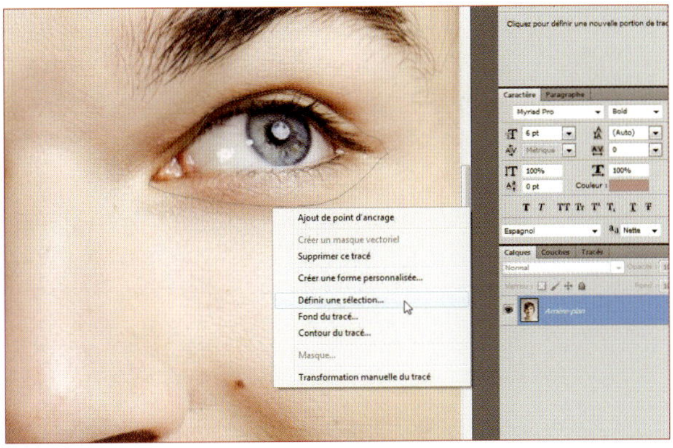

4 Retracez l'ensemble des contours de la zone à sélectionner en étant aussi précis que possible, surtout si l'arrière-plan n'est pas uni comme il l'est dans notre exemple. Quand la sélection est complète, la plume change d'apparence.

5 Lorsque vous avez achevé cette insertion de différents points de sélection, cliquez avec le bouton droit de la souris sur cette forme. Puis, dans le menu contextuel, cliquez sur l'intitulé Définir une sélection. Les points d'ancrage laissent alors la place aux traditionnels pointillés de sélection.

Multiplier les points d'ancrage

Lorsque vous faites le choix d'utiliser la plume, soit pour effectuer le détourage d'une partie de votre photographie, soit pour faire en sorte que la sélection de l'élément soit la plus fine et la plus précise possible, il arrive que l'on n'effectue pas les meilleurs choix. Lorsque vous passez en revue les différents points de plume mis en place et si vous constatez que certains détails vous ont échappé, il est possible d'ajouter des points d'ancrage qui viendront ensuite s'intégrer autour de la forme, pour éventuellement recourir à la courbe de Béziers.

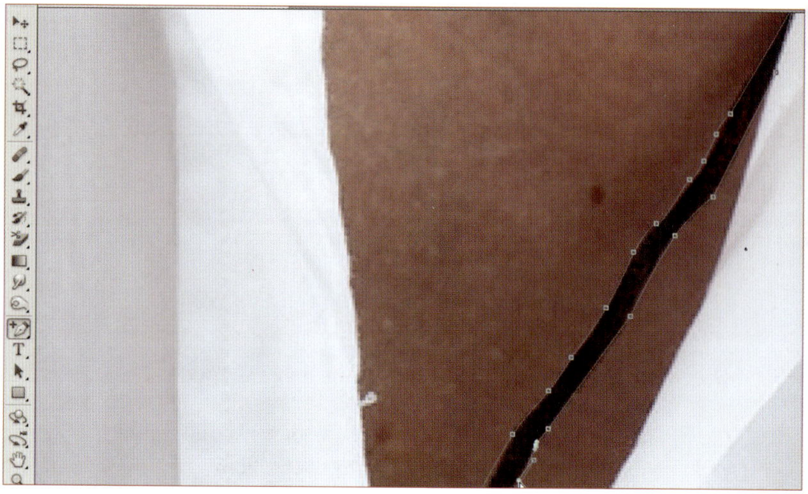

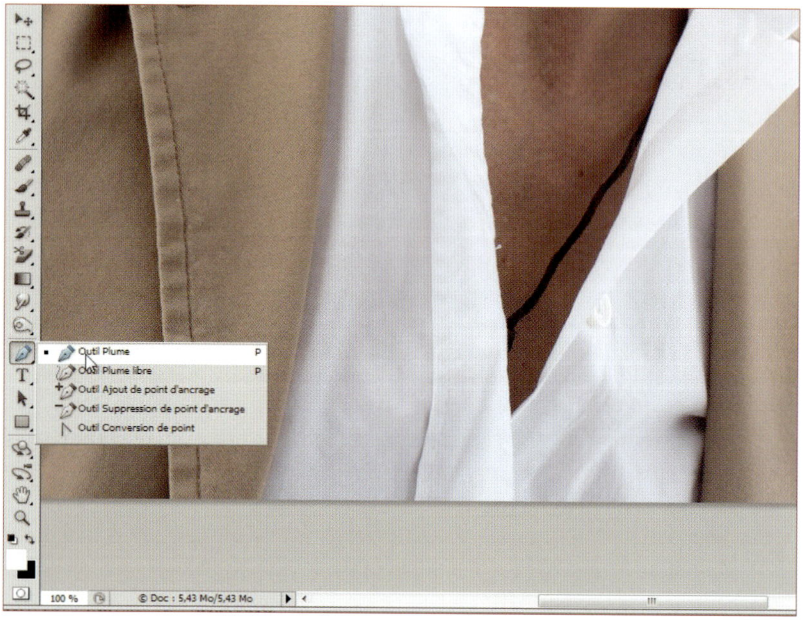

1 Pour commencer, procédez à l'activation de la plume à partir de la palette d'outils. Si vous effectuez un clic long sur l'outil Plume, le volet est déployé. Cliquez alors sur Outil Plume. Commencez alors la phase de sélection en plaçant les premiers points autour de la forme à sélectionner.

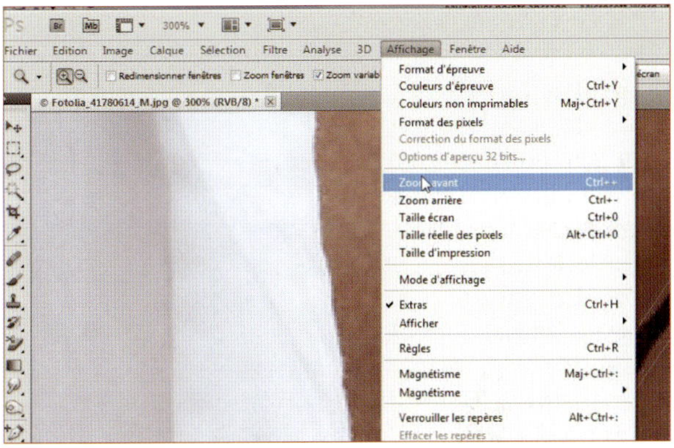

2 Pour utiliser la plume dans de bonnes conditions, placez les points d'ancrage à intervalles réguliers. Plus la forme à sélectionner est complexe et tortueuse, plus ces points doivent être rapprochés afin d'en optimiser la précision.

3 Lorsque vous avez fini de tracer les contours de la forme à l'aide de la plume, augmentez encore le niveau de zoom. C'est le seul moyen de s'assurer dans le détail que les pointillés qui relient les points d'ancrage suivent au plus près les contours de l'élément sélectionné.

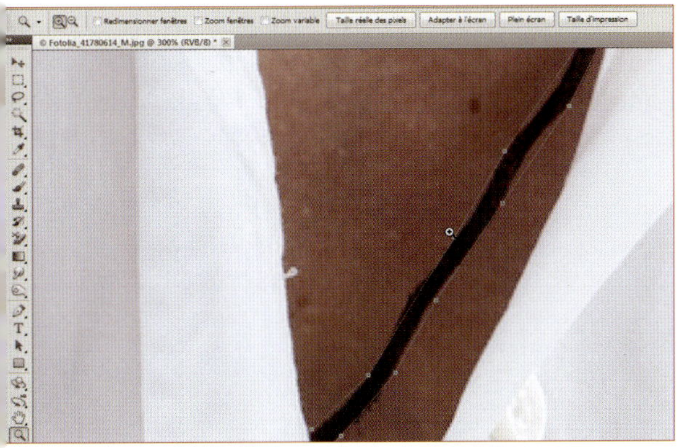

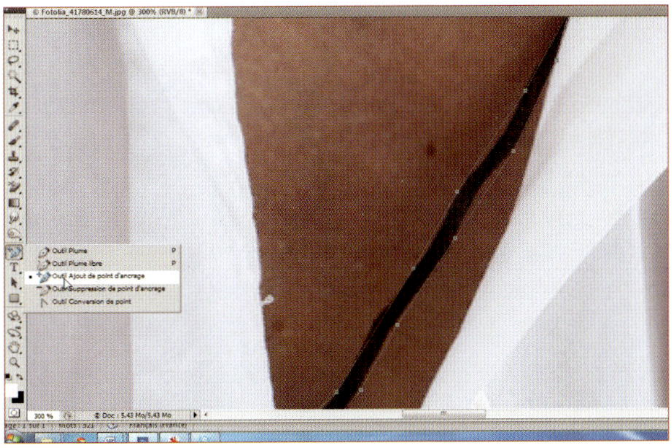

4 À 300 % d'agrandissement, le zoom révèle les imperfections de la sélection. À ce stade le niveau de précision est quasi de l'ordre du pixel. Vous remarquez ainsi que loin d'épouser véritablement les contours de l'élément sélectionné, nos points d'ancrage actuels manquent de souplesse.

5 Dans la palette, effectuez un clic long sur l'outil Plume et, dans le volet, cliquez sur l'outil Ajout de point d'ancrage. Placez des points à tous les endroits où la sélection produit une ligne trop abrupte. Vous pourrez ainsi ajuster tous les contours de l'élément sélectionné.

Interagir avec une sélection

Sélectionner des éléments sur une photo afin d'effectuer des retouches ou des améliorations sur des zones ciblées, c'est une étape indispensable. Mais lorsque l'on a passé du temps à effectuer des sélections rigoureuses à la plume par exemple, il est particulièrement frustrant de perdre, suite à un clic malheureux, le fruit de longues minutes de concentration et d'efforts. Photoshop propose un large arsenal d'interactions possible avec les sélections elles-mêmes et pas seulement avec les éléments sélectionnés.

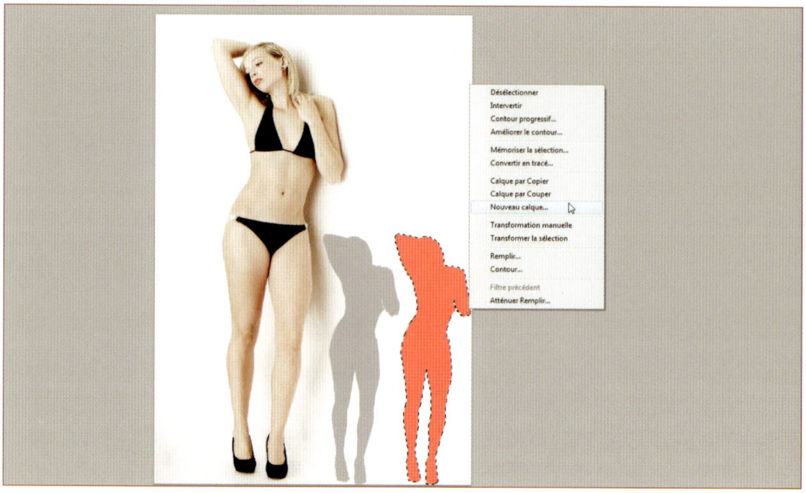

1 Pour interagir avec vos sélections sous Photoshop, il faut, dans un premier temps, disposer d'une sélection ! Si l'image à retoucher comprend de vastes zones uniformes, cliquez sur l'outil Baguette magique. Ajustez la tolérance et sélectionnez l'arrière-plan. Essayez de n'oublier aucun pixel.

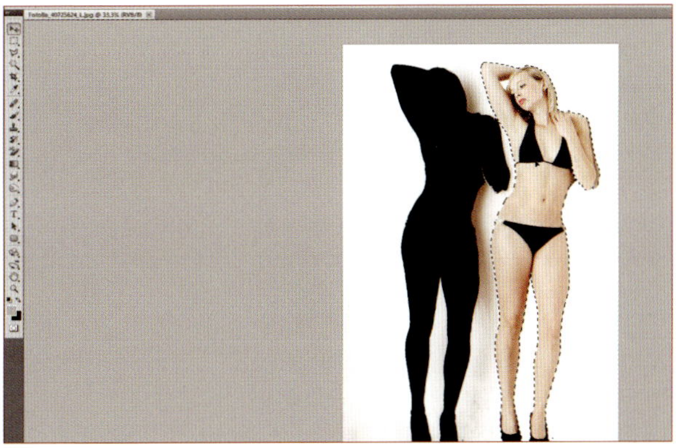

2 Vous avez sélectionné, dans un premier temps, l'ensemble des pixels de même couleur (en l'occurrence le blanc, sur notre exemple, puisqu'il s'agissait de la ouleur dominante). Pour sélectionner le personnage aux ormes plus complexes, cliquez sur le menu Sélection puis ntervertir la sélection.

3 Une fois la forme correctement sélectionnée, il devient possible d'effectuer toutes sortes d'opérations, notamment déplacer la sélection. Cliquez dans la palette d'outils sur l'icône Outil de déplacement. Effectuez ensuite un simple clic sur la sélection et déplacez-la sans relâcher la pression.

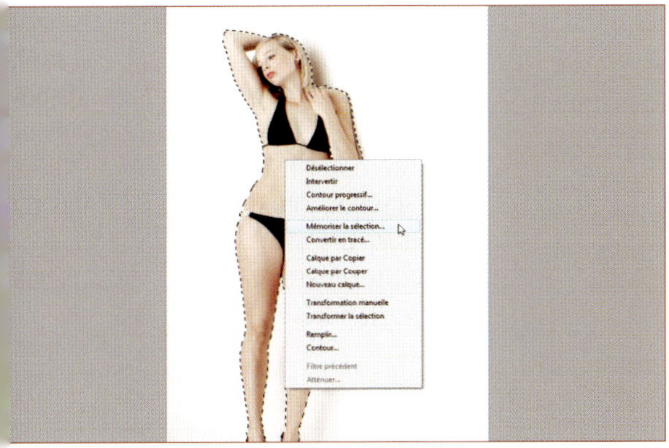

4 Réaliser une sélection de précision, à la plume par exemple, peut parfois prendre plusieurs heures, qui peuvent être perdues en un clic malheureux. Pour éviter ces désagréments, cliquez sur le bouton droit de la sours et sur Mémoriser la sélection dans le menu contextuel.

5 Une fois la sélection mémorisée – et nommée dans la fenêtre idoine –, tout est permis ou presque. Effectuez un clic et parcourez les commandes disponibles dans le menu contextuel. Vous pouvez effectuer différentes transformations (Transformer la sélection).

Changer une sélection en tracé

Si vous observez attentivement le panneau Calques, vous remarquerez qu'il possède d'autres onglets, notamment celui qui est appelé « Tracés ». Les tracés sont particulièrement utiles pour travailler avec les éléments que vous aurez patiemment sélectionnés, notamment à l'aide de la plume. Grâce aux tracés, vous pouvez rapidement et efficacement détourer des éléments graphiques. Vous pouvez également dessiner des formes puis les convertir en tracés pour les réutiliser dans d'autres images ou éventuellement sous Adobe Illustrator, en vue de produire des images vectorielles, par exemple.

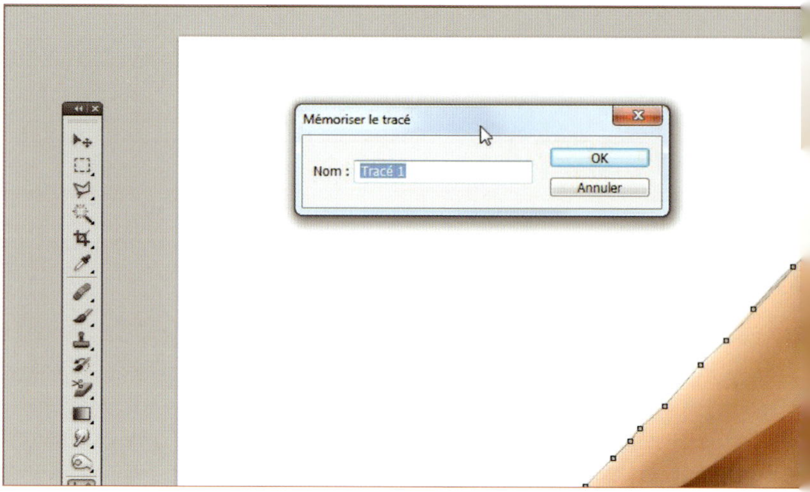

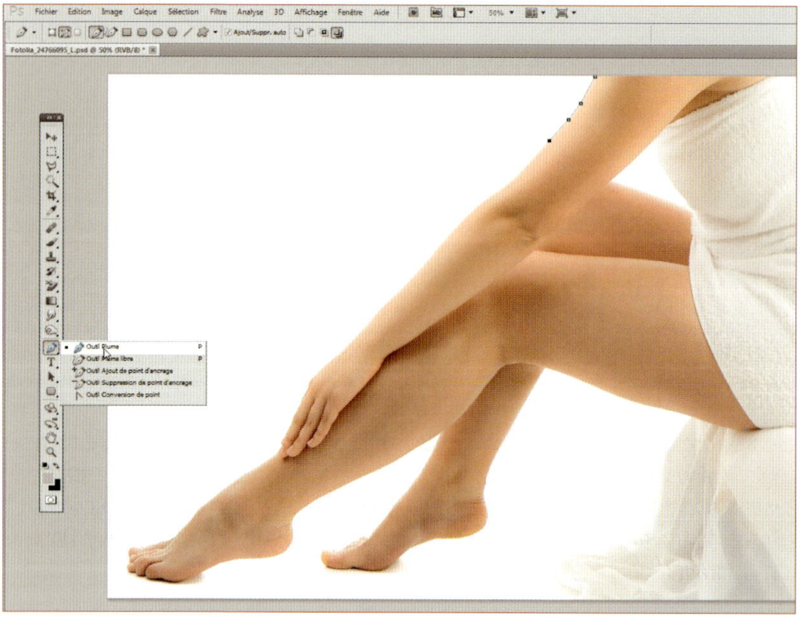

1 Dans la palette, cliquez sur l'outil Plume et positionnez les points afin de sélectionner les contours de la forme. La conversion en tracés peut également être obtenue sur des éléments sélectionnés via la baguette magique ou le lasso.

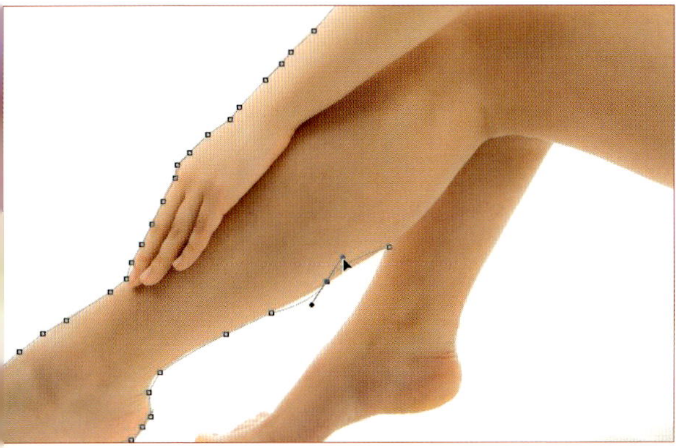

2 Vous pouvez gagner en précision pour tracer les contours en utilisant les courbes de Béziers. Positionnez le curseur de la souris sur l'un des points que vous avez déposés. En maintenant la pression, vous pouvez affiner l'angle et l'arrondi de sélection entre deux points de plume.

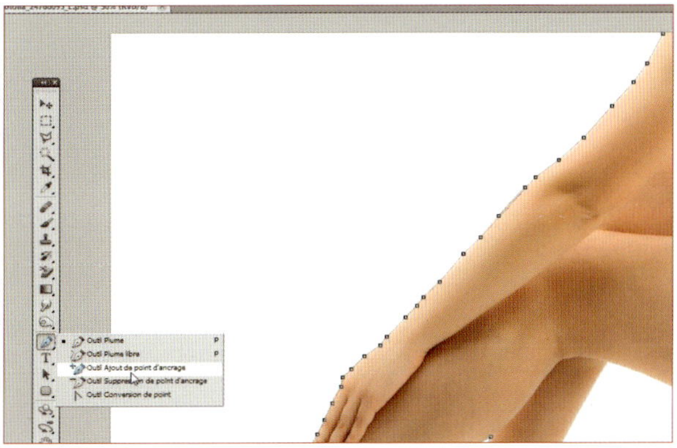

3 Cliquez sur l'outil Ajout de point d'ancrage. Cet instrument permet d'insérer des points (clic simple sur le tracé, en dehors d'un point existant), de régler la force et la direction des demi-tangentes (cliquer-glisser sur le point extrémité de la tangente), et de déplacer les points anguleux.

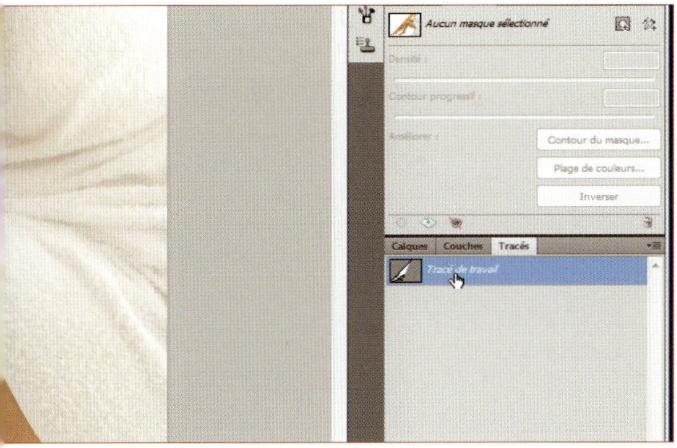

4 Dans le panneau qui se trouve dans la partie droite de l'interface, cliquez maintenant sur l'onglet Tracés. Ce dernier affiche alors un aperçu de la section effectuée jusque-là. Cette représentation est appelée Tracé de travail car, pour le moment, vous n'avez pas finalisé le travail de sélection.

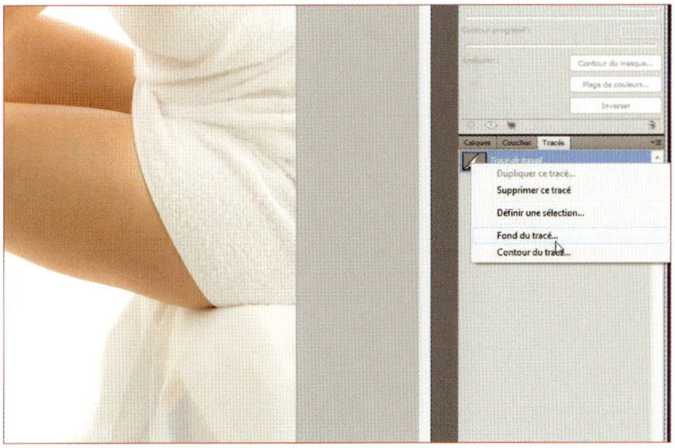

5 L'ensemble des opérations qui peuvent être menées avec le Tracé de travail sont accessibles à partir du menu contextuel. Cliquez sur Définir une sélection pour éventuellement copier le tracé dans le presse-papier. Double-cliquez pour le nommer et le mémoriser.

RÉGLER LES COULEURS

Explorer les modes d'image

Que comptez-vous faire de vos photos numériques ? Que vous les stockiez sur votre disque dur, que vous les partagiez sur Internet, qu'elles soient incorporées dans des albums, la façon dont les couleurs seront traitées va souvent diverger. Photoshop propose différents modes de traitement des images en fonction des usages éventuels et de standards technologiques et chromatiques employés notamment dans le monde de l'impression. En fonction du mode d'image que vous aurez sélectionné, les options et commandes mises à disposition par Photoshop évoluent. Ne choisissez pas au hasard.

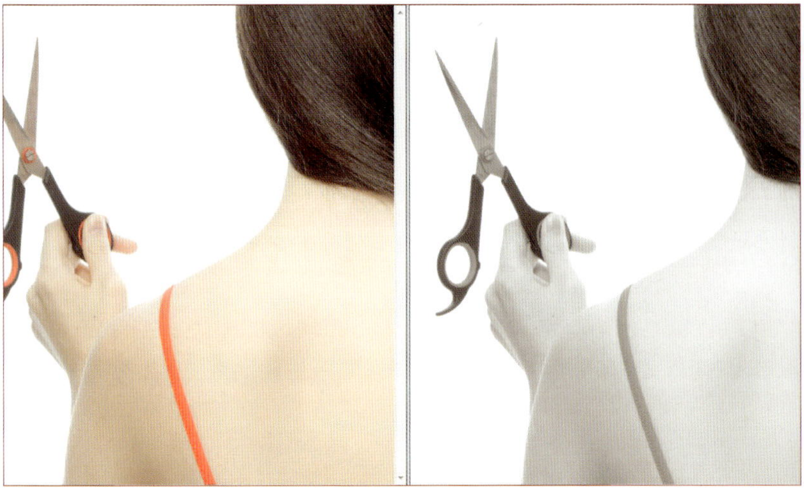

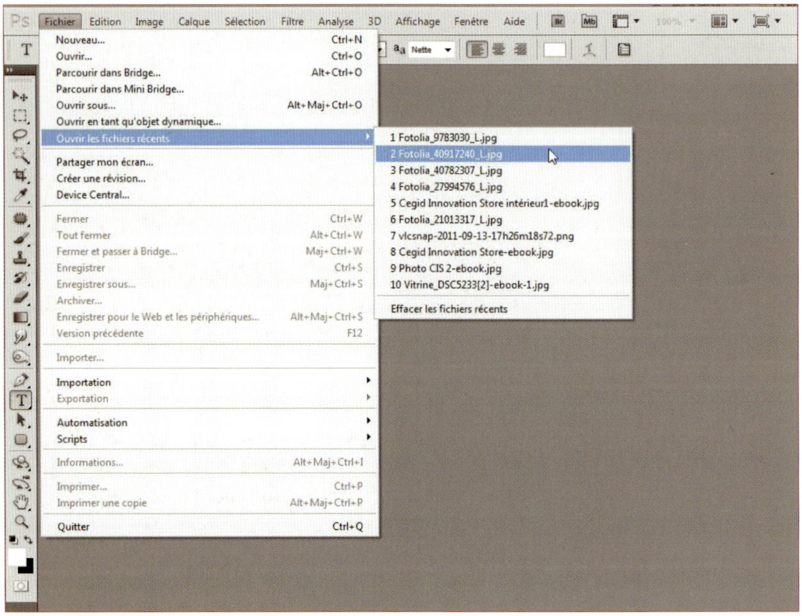

1 Pour modifier le mode appliqué à une image, ouvrez le visuel sous Photoshop en cliquant sur le menu Fichier. Cliquez sur l'intitulé Ouvrir et parcourez dans la fenêtre, l'arborescence de votre disque dur jusqu'au fichier. S'il a été ouvert précédemment cliquez sur Ouvrir les fichiers récents.

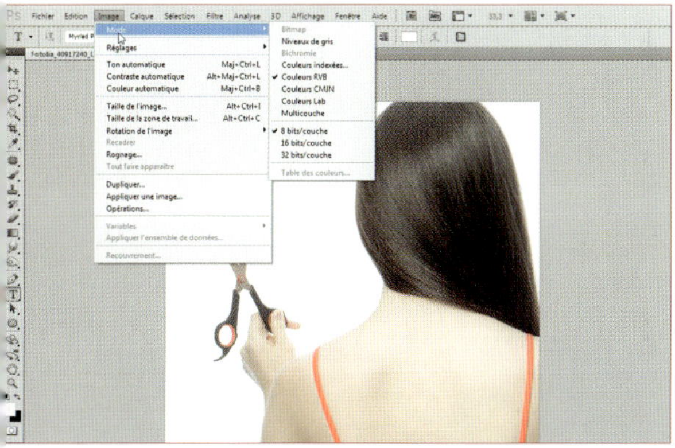

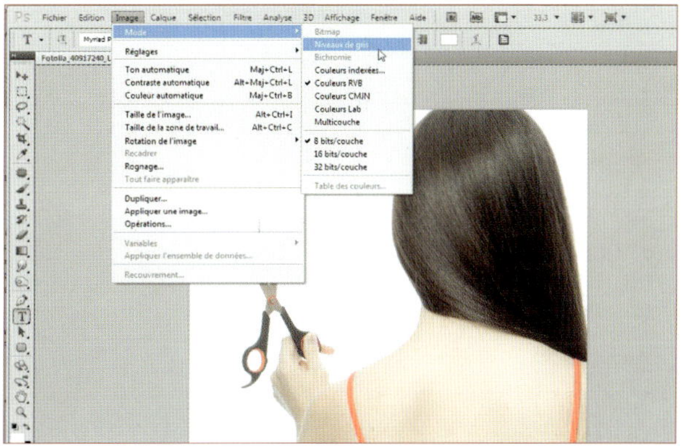

2 Lorsque le fichier est opérationnel, vous pouvez alors modifier le mode de traitement. Pour cela, cliquez sur le menu déroulant Image. Puis, dans la liste des commandes disponibles, cliquez sur Mode. Un volet latéral est alors déployé et dresse la liste des modes disponibles. Certains sont grisés.

3 Par défaut, la plupart des images qui sont produites par les appareils photo numériques sont en mode RVB, que l'on appelle également « couleurs vraies ». Pour basculer l'image en noir et blanc, cliquez sur le mode Niveaux de gris.

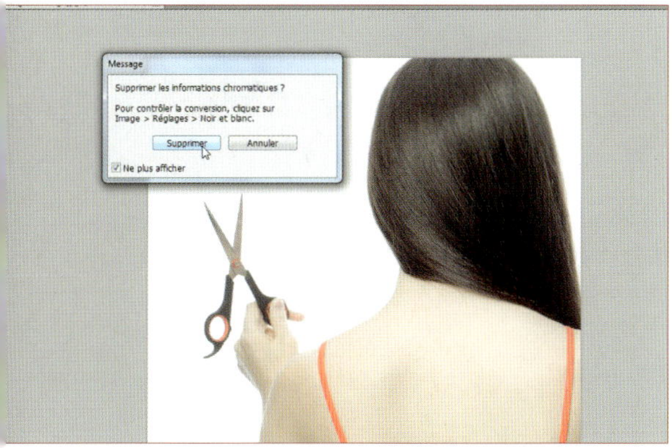

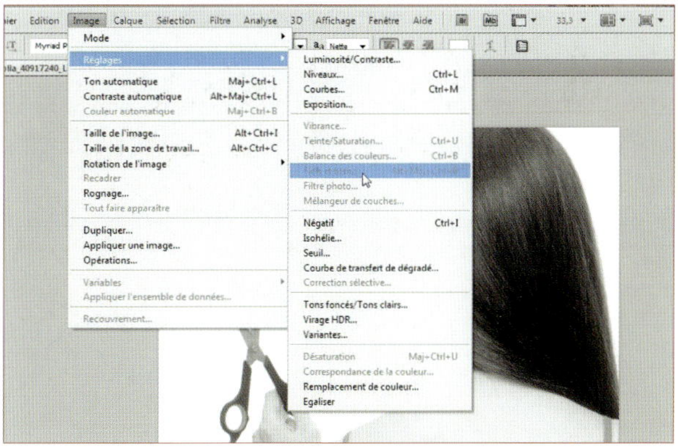

4 Un message d'alerte vous informe que, si vous passez en niveaux de gris, toutes les informations relatives aux couleurs seront supprimées. Si vous acceptez ce changement, cliquez sur OK. Auparavant, pour ne plus être importuné par cette alerte, cochez Ne plus afficher.

5 Les couleurs ont disparu. Cela ne signifie pas pour autant que le rendu soit optimal. Vous pouvez effectuer un certain nombre d'ajustements en cliquant sur le menu Image puis sur Réglages et enfin Noir et blanc. Vous pourrez ainsi renforcer différentes caractéristiques de l'image.

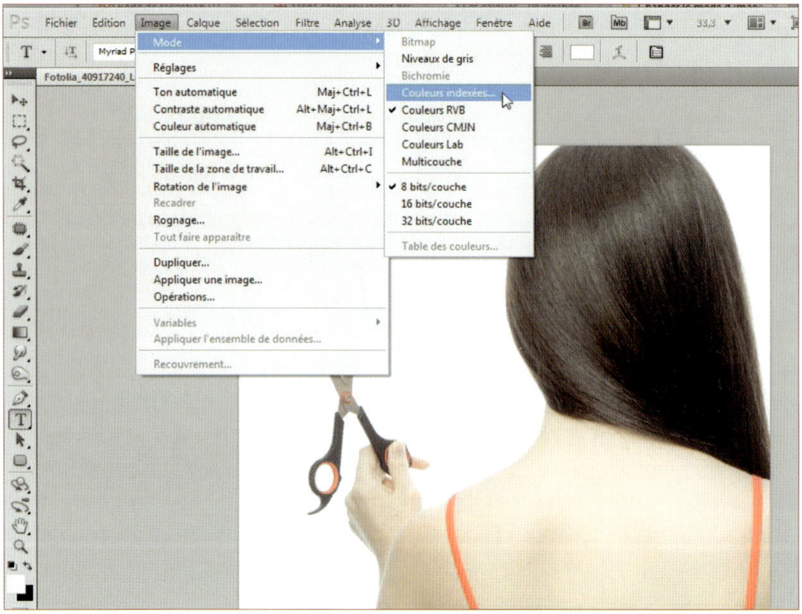

6 La conversion d'une image en couleurs indexées permet de réduire le nombre de couleurs à 256, nombre qui représente le maximum de couleurs que peut afficher un GIF par exemple. Le gain en poids sur l'image peut ne pas être négligeable. Cliquez sur Image/Mode puis Couleurs indexées.

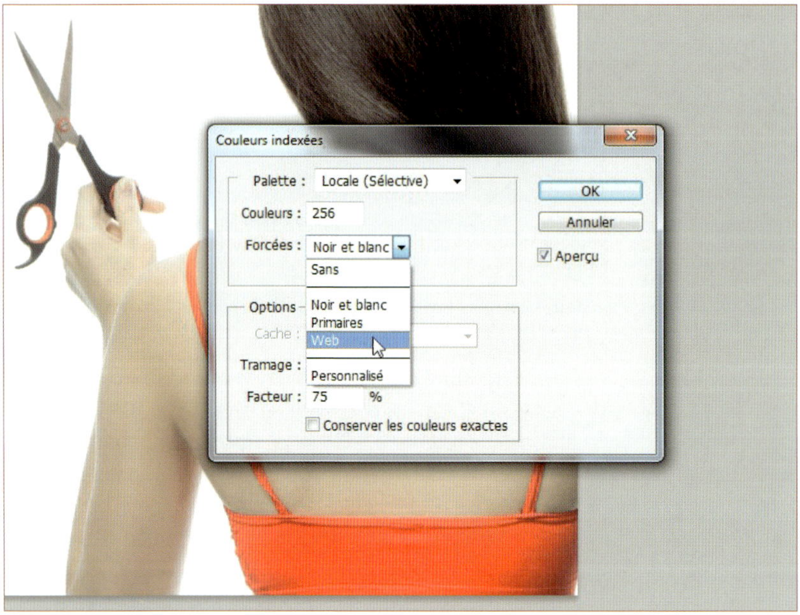

7 Dans la boîte de dialogue de configuration, sélectionnez le nombre de couleurs (qui peut être inférieur à 256). Pour le choix des couleurs, cliquez sur la liste Forcées et pour un usage en ligne, sélectionnez l'intitulé Web. Selon l'image, le changement peut être imperceptible.

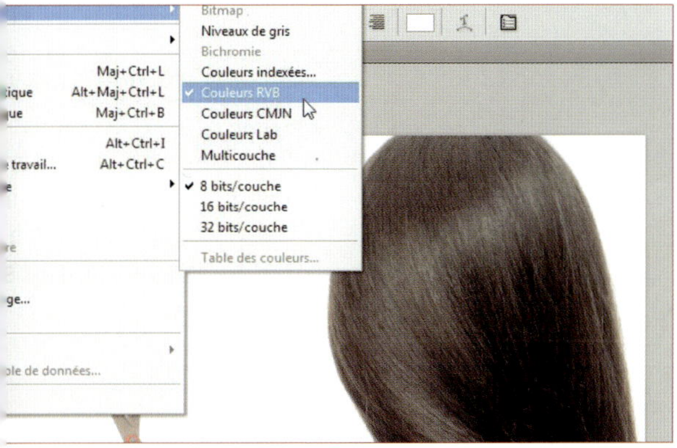

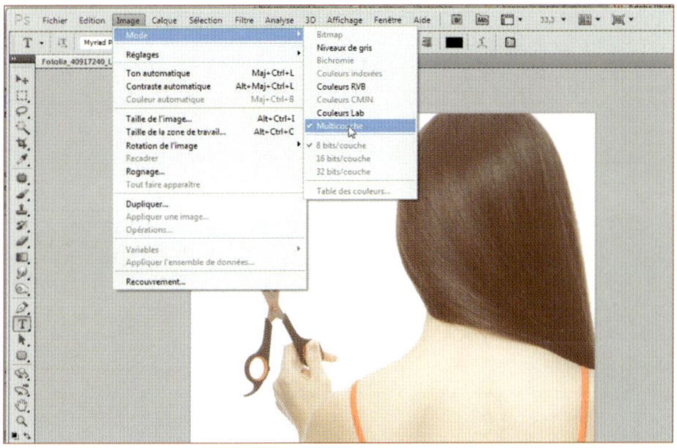

8 En revenant au mode RVB, vous pouvez alors étendre la liste des couleurs possibles dans le sélecteur de couleurs Photoshop et, par la même occasion, récupérer toutes les fonctionnalités de retouche mises en grisé pour les deux modes couleurs Indexées et Bitmap.

9 Le mode Multicouche utilise 256 niveaux de gris par couche dans une image. Vous pouvez enregistrer les images multicouches aux formats Photoshop, mais il faut savoir qu'une fois l'image ainsi convertie, vous n'avez plus la possibilité d'utiliser les calques. Ceux qui sont présents sont alors aplatis. 69

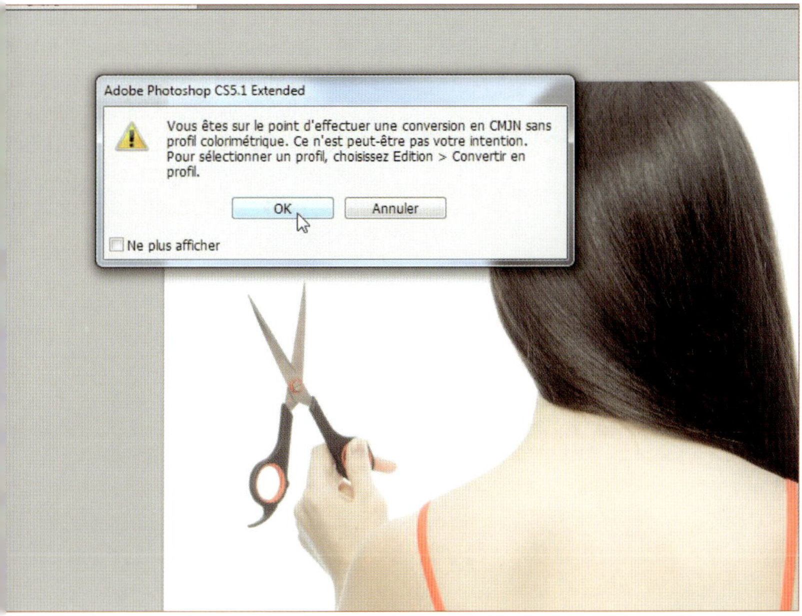

10 Le mode CMJN attribue à chaque pixel un pourcentage pour chacune des encres quadri. Ce mode est réservé aux images qui seront ensuite traitées en imprimerie. À l'écran l'image CMJN sera sensiblement plus terne que l'image RVB. Une alerte s'affiche à ce sujet.

Les réglages automatiques

La plupart des photographies couramment produites avec un appareil de bonne qualité peuvent sembler acceptables, au moins sur l'écran de l'appareil. Mais lorsque le tirage sur papier intervient, des déceptions peuvent surgir. Avec Photoshop, vous disposez d'un certain nombre de réglages automatiques qui peuvent être utilisés non seulement pour améliorer vos prises de vue, mais surtout pour les étalonner et faire en sorte que les couleurs, la luminosité ou le contraste soient à peu près uniformes sur l'ensemble de l'album ou du livre photo auquel vous travaillez.

1 Quand vous ouvrez la photographie, elle apparaît à l'état « brut » au sein de l'espace de travail de Photoshop. Ses caractéristiques sont telles qu'elles ont été produites par votre appareil à l'instant où l'image a été prise et les réglages d'origine ne sont pas forcément optimaux.

2 Pour corriger les conditions de couleurs, de tons ou de contraste rapidement, vous pouvez envisager de recourir aux corrections qui sont mises à votre disposition au sein du menu déroulant Image. Dans la liste des commandes disponibles, commencez par cliquer sur Tons automatiques.

3 Après avoir cliqué sur l'intitulé Tons Automatique, l'apparence de votre photographie est immédiatement modifiée. Le changement peut paraître radical, mais avant de renoncer, prenez le temps d'explorer les autres corrections automatiques et notamment le contraste automatique.

4 Si votre image était déjà contrastée, il est possible que vous ne perceviez pas l'impact du deuxième filtre correctif. Pour compléter la retouche rapide de votre photo, cliquez cette fois dans le menu Image sur Couleurs automatiques. Les ajustements commencent à porter leurs fruits.

5 Dans certains cas, il peut être judicieux de finaliser la retouche par l'utilisation de l'outil Niveaux. Cliquez sur le menu déroulant Image puis cliquez sur l'intitulé Réglages. Dans le volet qui se déploie vers la droite sélectionnez Niveaux. Utilisez les curseurs pour finaliser l'étalonnage.

Affiner les réglages

Entre une image perçue à l'œil nu dans les conditions du réel, celle qui est produite par le capteur d'un appareil photo numérique, son affichage sur l'écran d'un ordinateur ou encore son impression sur un papier photo ou ordinaire, il peut y avoir des différences colossales au niveau de la lumière, des contrastes ou des couleurs. Aucun photographe digne de ce nom n'accepterait de diffuser une photo sans un traitement rapide sous Photoshop. Le logiciel vous donne tous les outils pour améliorer considérablement l'apparence de vos clichés numériques.

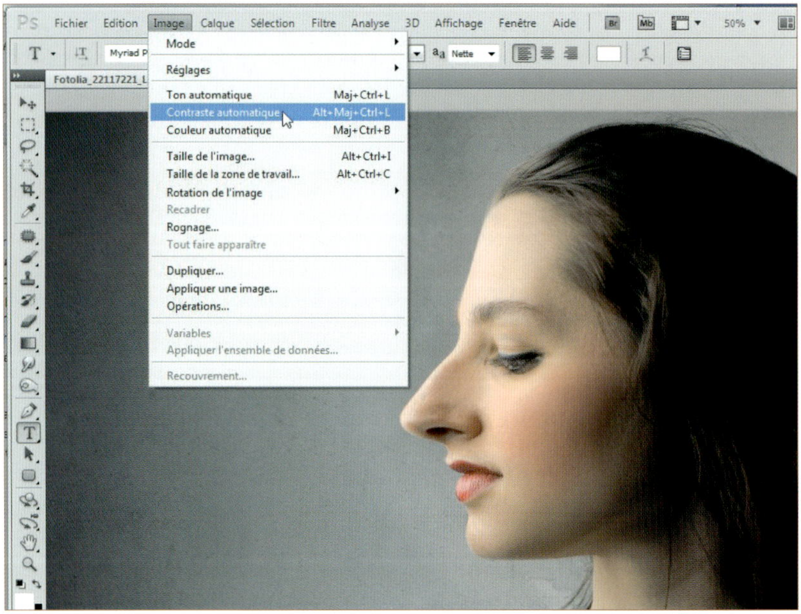

1 Après avoir ouvert l'image de votre choix sous Photoshop, vous pouvez envisager d'appliquer pour commencer un certain nombre de traitements automatiques qui présentent l'avantage de remettre à plat votre cliché. Pour y accéder, cliquez sur Image puis sur Ton, contraste ou couleur automatique.

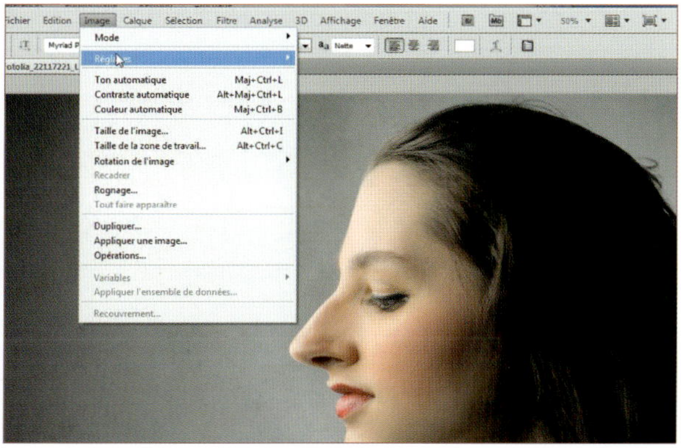

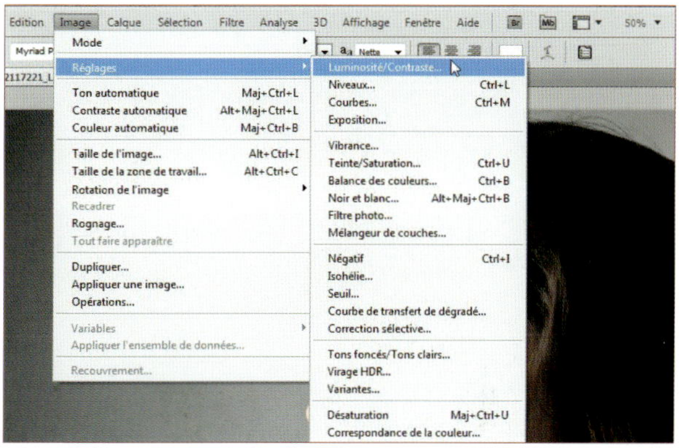

2 Lorsque ces trois filtres automatiques ont été activés, il ne faut pas conclure que le rendu est optimal. Il est cependant cohérent (mais une photo réussie n'est pas toujours « cohérente »). Pour aller plus loin, cliquez sur le menu déroulant Image puis, cliquez sur la commande Réglages.

3 Quelques secondes plus tard, un volet est déployé sur la droite de l'intitulé Réglages. Il rassemble tous les critères qui pourront être modifiés et améliorés via Photoshop. Pour commencer à retoucher la photo, cliquez sur Luminosité et contraste.

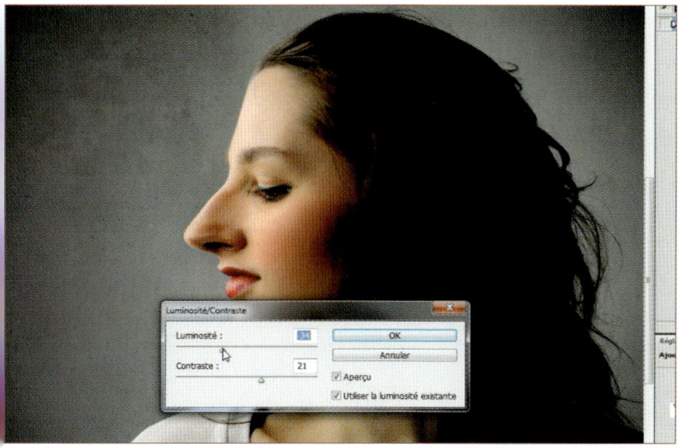

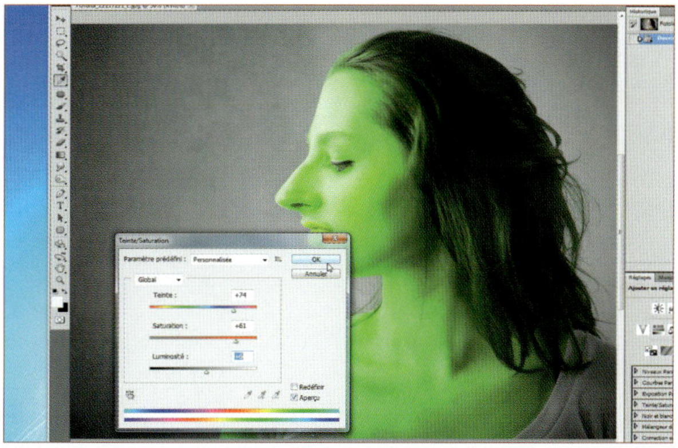

4 Une fenêtre vient d'apparaître au cœur de l'interface. Elle met en scène deux curseurs que vous allez pouvoir actionner vers la gauche ou vers la droite pour augmenter ou réduire la luminosité et le contraste. Cochez la case Aperçu pour que les changements soient appliqués en temps réels.

5 Dans Image/Réglages, cliquez sur la commande Teinte/Saturation. Cet outil d'amélioration permet d'équilibrer véritablement le cliché que vous avez pris avec votre appareil photo. Il s'articule sur trois curseurs : Teinte, Saturation et Luminosité. Cochez la case Aperçu et effectuez les ajustements.

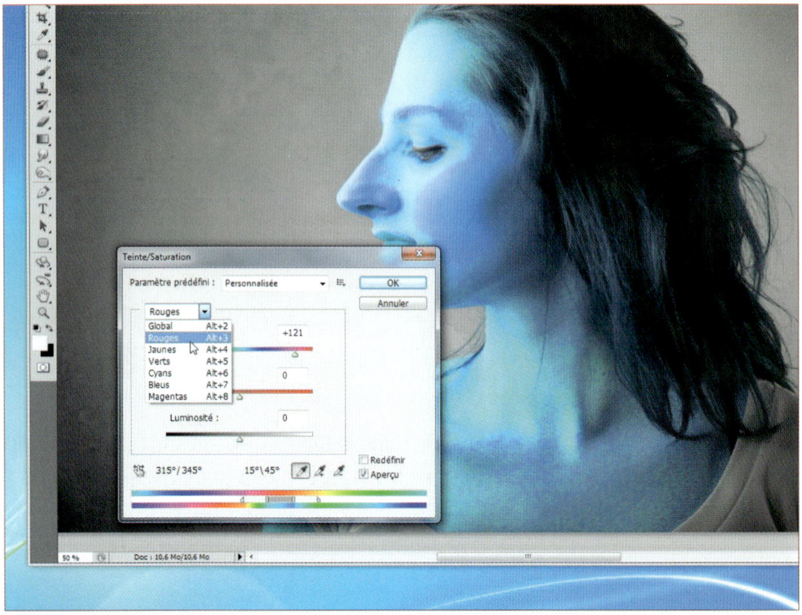

6 Observez attentivement la fenêtre Teinte/Saturation. Vous remarquez la liste déroulante Global qui signifie que les réglages sont apportés sur l'ensemble des couleurs de l'image. Vous pouvez agir de manière plus ciblée et sélectionner des paramètres différents pour chaque famille de couleur.

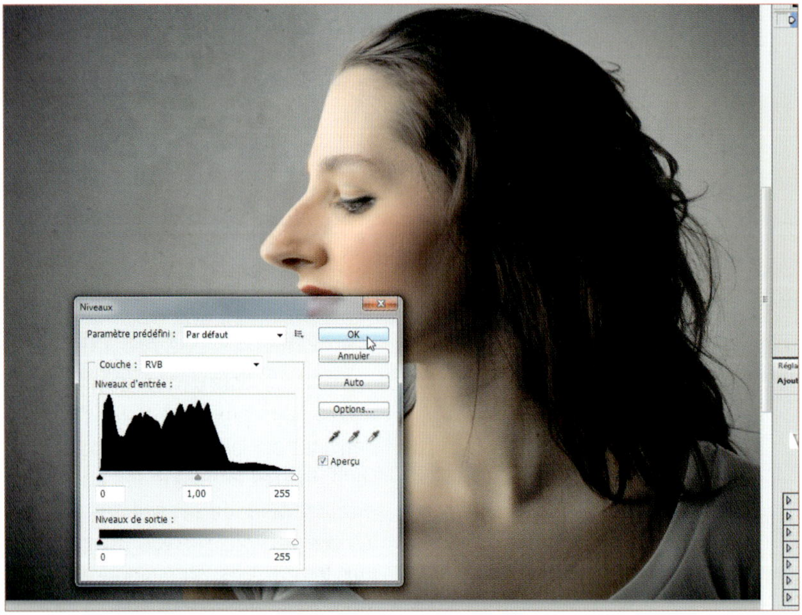

7 Le réglage des niveaux est également une phase capitale pour ajuster le cliché et restituer autant que possible les conditions de prise de vue. Cliquez sur Images/Réglages puis Niveaux, ou utilisez le raccourci clavier CTRL + Maj + L. La fenêtre s'affiche.

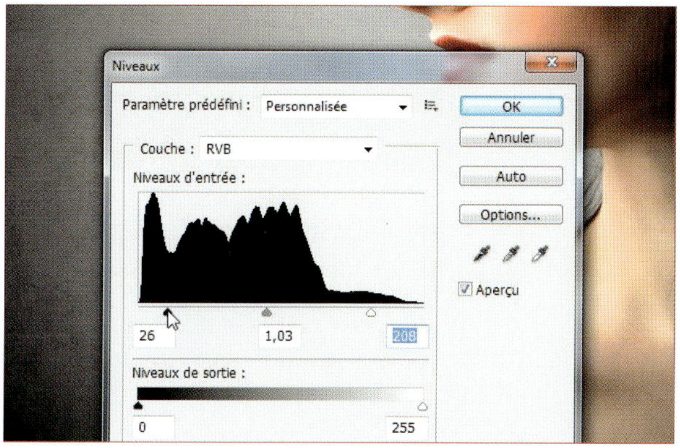

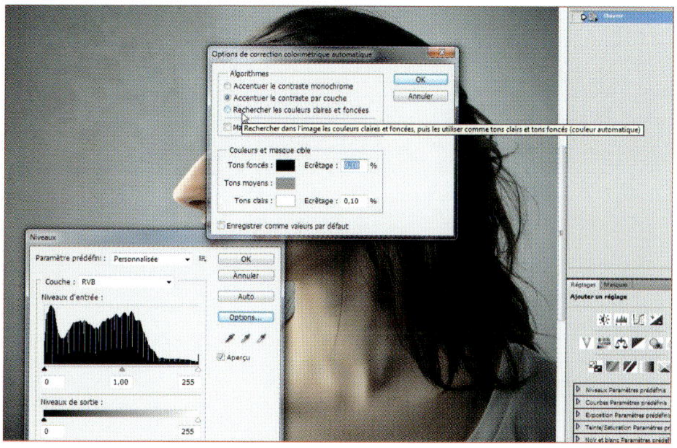

8 Le réglage des niveaux s'effectue à partir des trois curseurs à votre disposition sous la courbe. Utilisez-les un à un de manière à effectuer en quelque sorte l'étalonnage de votre image. Vous parviendrez ainsi à équilibrer simultanément la luminosité et le contraste notamment.

9 En cliquant dans la fenêtre des niveaux sur le bouton Options, vous affichez une fenêtre spécifique qui permet d'adapter le fonctionnement du module de réglages. Vous pouvez ainsi faire en sorte que les réglages n'affectent que les tons foncés par exemple.

10 Enfin, en cliquant dans la liste des commandes disponibles sous l'intitulé Réglages sur la commande Exposition, vous pourrez améliorer les conditions d'éclairage et de sensibilités présentes lors de la prise de vue. Agissez dans tous les cas avec parcimonie et en utilisant les aperçus automatiques.

Exploiter le panneau Réglages

Ajouter, supprimer, associer, modifier, personnaliser ou ajuster un calque de réglages, c'est simple avec le panneau Réglages qui s'affiche dès qu'un calque est déverrouillé. Bien qu'il soit assez simple d'utilisation, le panneau Réglages est si riche qu'il n'est pas toujours aisé de bien mesurer l'étendue de ses capacités. Au-delà des fonctionnalités directement accessibles à partir du panneau et de ses icônes, vous pourrez également explorer les menus contextuels riches d'une ergonomie incomparable pour interagir avec vos calques de réglage.

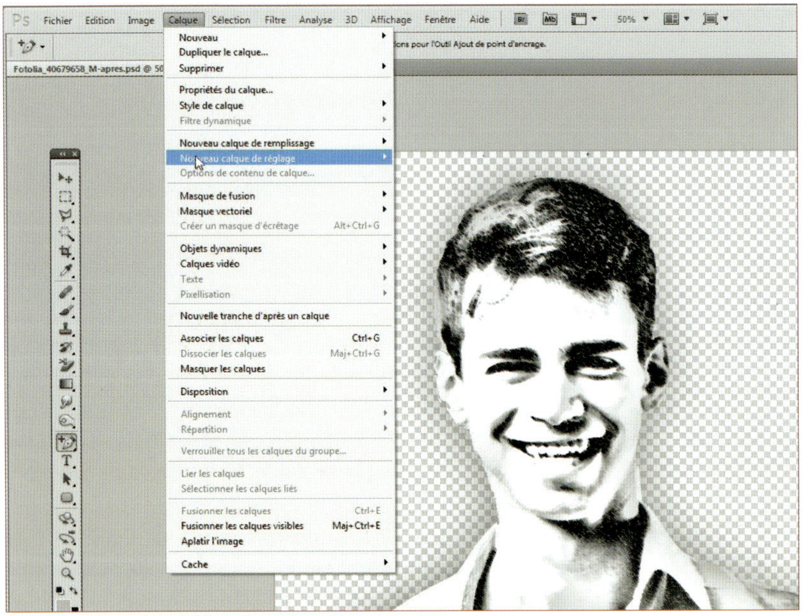

1 Créer un calque de réglage ne prend pas plus de quelques secondes. Si vous commencez à vous familiariser avec Photoshop, vous savez qu'il suffit de cliquer sur le menu déroulant Calque puis, dans la liste des commandes, sur Nouveau calque de réglage.

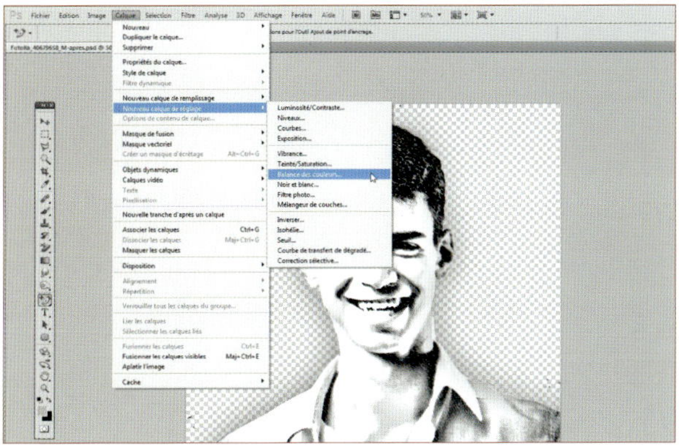

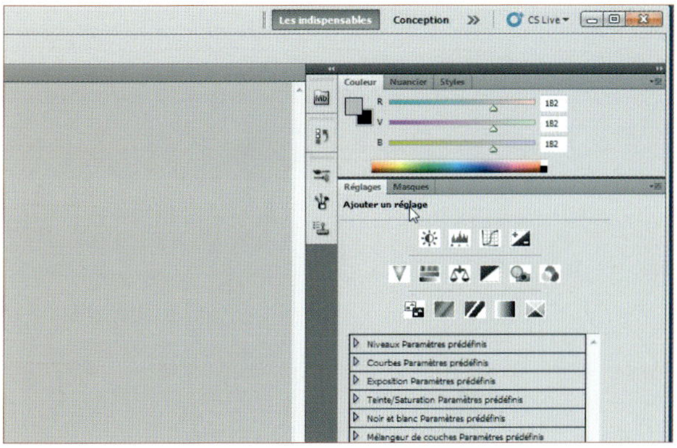

2 Vous pouvez alors choisir le type de calque de réglage (ils sont très nombreux, puisque l'on en dénombre jusqu'à quinze dans le volet additionnel qui se déploie alors sur la droite). Pour chacun de ces types de calques de réglage, il faudra ensuite effectuer quelques ajustements.

3 Si vous trouvez que ces deux premières manipulations sont fastidieuses et si vous souhaitez gagner un temps précieux au moment de la création d'un calque de réglage, intéressez-vous au Panneau Réglage. S'il n'est pas présent, cliquez dans la barre de titre sur Indispensable puis sur Ajouter un réglage.

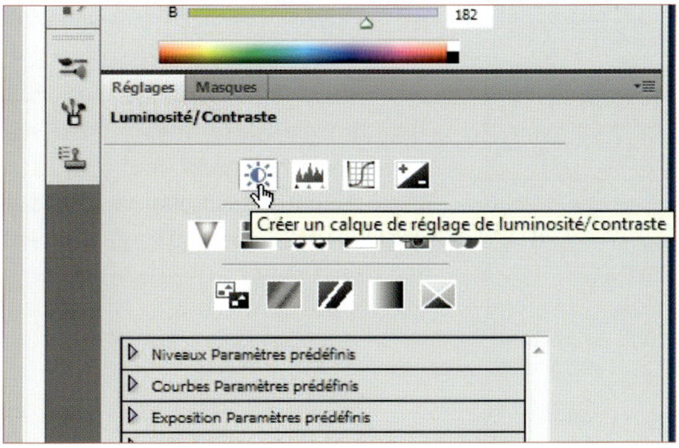

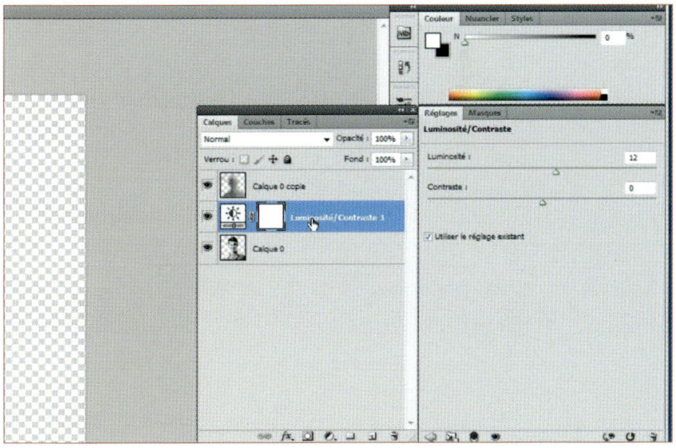

4 Pour faire vos premières armes, commencez par cliquer dans le panneau Réglage sur l'icône permettant de mettre en place Réglages de luminosité/contraste. Quand vous cliquez sur ce bouton, le calque est inséré et le panneau vous propose de régler la luminosité et le contraste à l'aide de curseurs.

5 Comme tous les autres, le calque de réglage Luminosité/Contraste figure à son tour au sein du panneau Calque. Selon le calque auquel le réglage est associé, celui-ci peut s'intercaler entre un calque de travail et d'arrière-plan. Affichez ou masquez le calque de réglages à votre guise en cliquant sur l'œil.

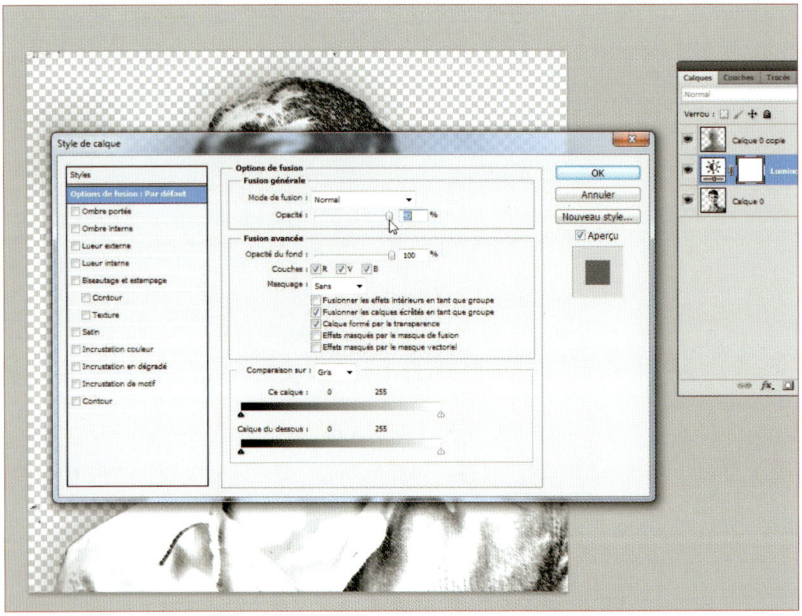

6 Le calque de réglage ne diffère en rien d'un calque ordinaire, si ce n'est que son action ne s'applique pas uniquement au calque d'arrière-plan. Il est donc naturellement possible d'ajuster les options de fusion. Cliquez sur le calque de réglage, réglez l'opacité et le type de fusion.

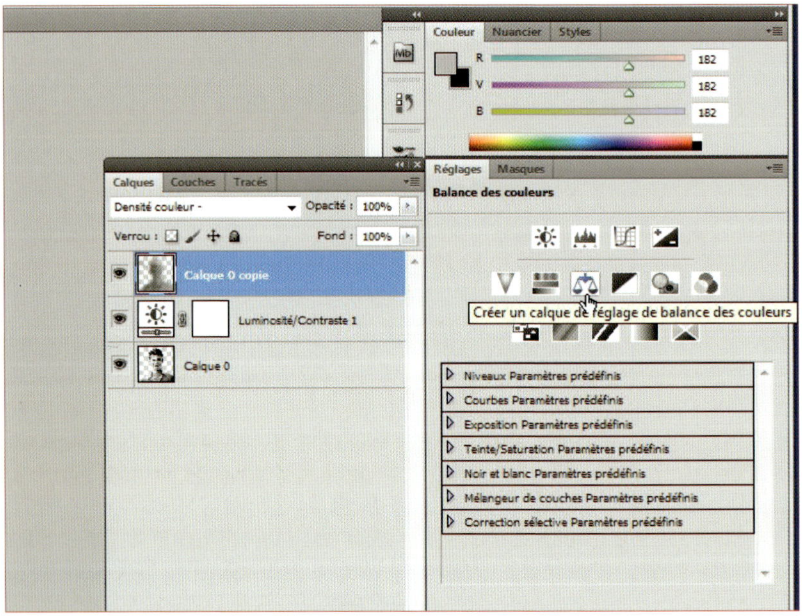

7 Si vous le désirez, et si cela vous permet d'atteindre le résultat final escompté, vous pouvez multiplier les calques de réglages. Pour en ajouter, il vous suffit d'activer le panneau Réglages puis de cliquer sur l'icône de votre choix. Des info-bulles précisent l'action attachée à la commande.

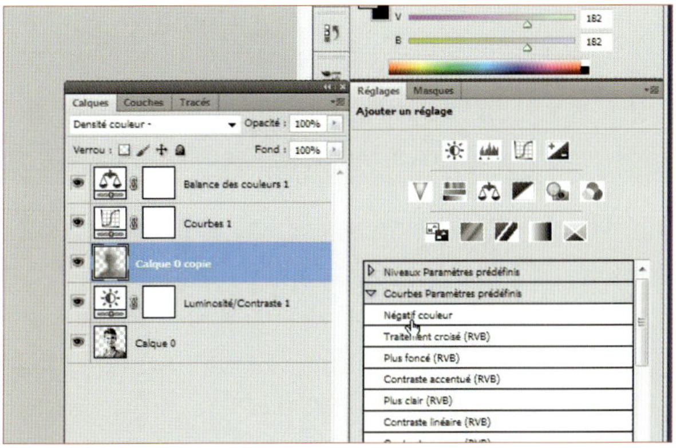

8 Si vous avez cliqué sur l'icône du calque de réglage Balances des couleurs, par exemple, il faut maintenant effectuer ces fameux réglages. Une fois encore, inutile de quitter le panneau qui met toutes les options à portée de clic. Équilibrez la balance des couleurs à l'aide des différents curseurs.

9 Explorer les prédéfinis qui sont proposés dans le panneau Réglages est également une piste intéressante. Comme leur nom l'indique, les prédéfinis sont des réglages par défaut qui peuvent être appelés rapidement. Cliquez sur chaque intitulé pour afficher le détail qui s'y rattache.

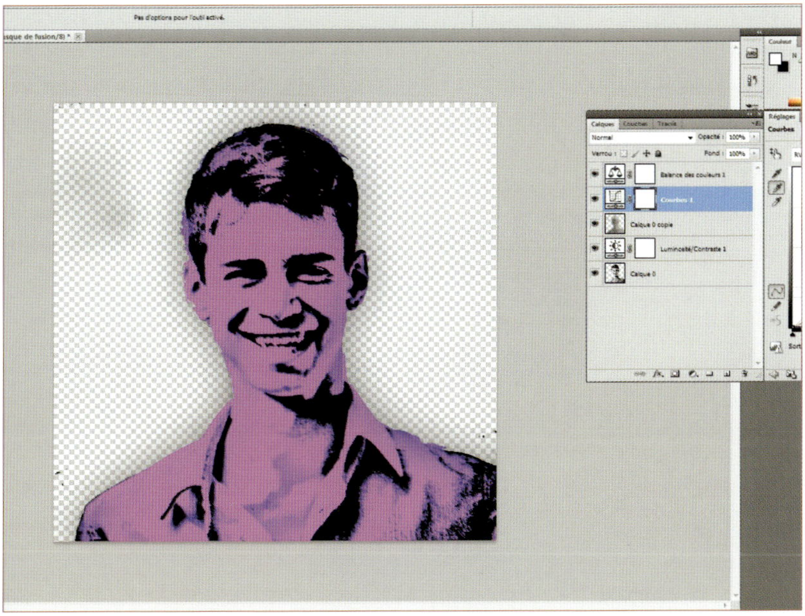

10 Lorsque vous cliquez dans la liste sur un prédéfini, il est automatiquement appliqué à votre image. C'est donc un nouveau calque de réglage qui est inséré. Vous pouvez vous servir de cette base puis modifier le prédéfini. Effectuez les ajustements nécessaires, en déplaçant les courbes et les curseurs.

Ajuster les niveaux de sortie

Toutes les images traitées sous Photoshop possèdent leurs caractéristiques propres que le logiciel vous aide à appréhender grâce à l'histogramme qu'il affiche dans la fenêtre Niveaux. D'un côté, on trouve les niveaux d'entrée qui sont les caractéristiques telles qu'elles ont été enregistrées. Viennent ensuite les niveaux de sortie qui lissent en correction les niveaux d'entrée. Un histogramme décalé sur la droite indique une photo clairement surexposée. Un histogramme décalé sur la gauche indique, au contraire, une sous-exposition. S'il est écrasé en son centre, l'image manque de contraste.

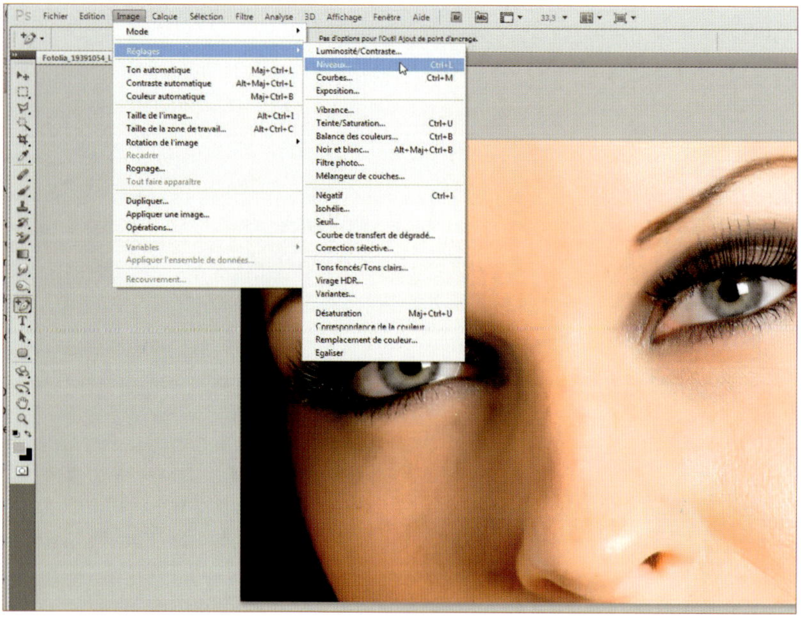

1 Ouvrez la photo dont vous souhaitez afficher l'histogramme et cliquez sur le menu déroulant Image. Dans la liste des commandes disponibles, vous devez alors cliquer sur l'intitulé Réglages puis sur la commande Niveaux. Attention, selon le mode choisi, les informations peuvent varier.

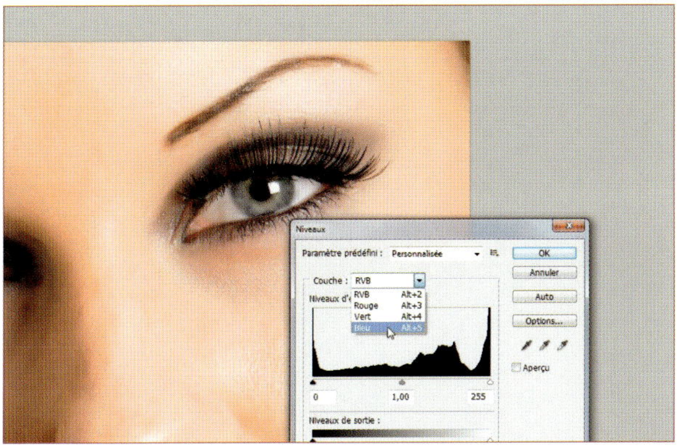

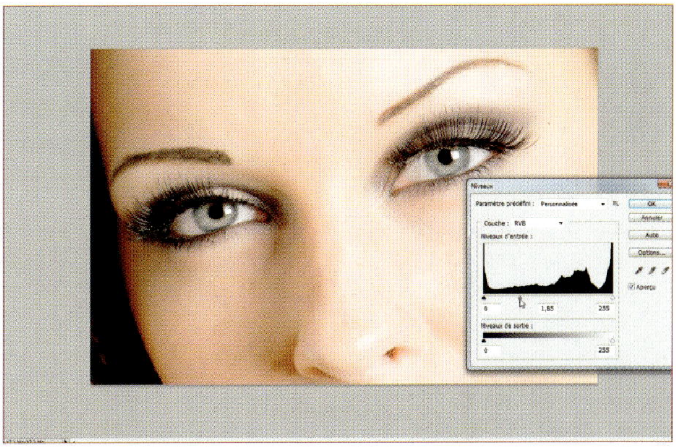

2 Cliquez dans la fenêtre Niveaux qui s'est alors affichée, sur la liste déroulante Couche, et activez l'intitulé RVB. Notez que vous pouvez afficher les niveaux de chaque couleur primaire. Observez alors l'histogramme généré sous l'intitulé Niveaux d'entrée.

3 Juste au-dessous de cet histogramme, qui est en quelque sorte un portrait-robot de votre photo numérique, vous remarquez trois curseurs qui peuvent être déplacés vers la gauche ou vers la droite. Cochez la case Aperçu puis déplacez le curseur central vers la gauche.

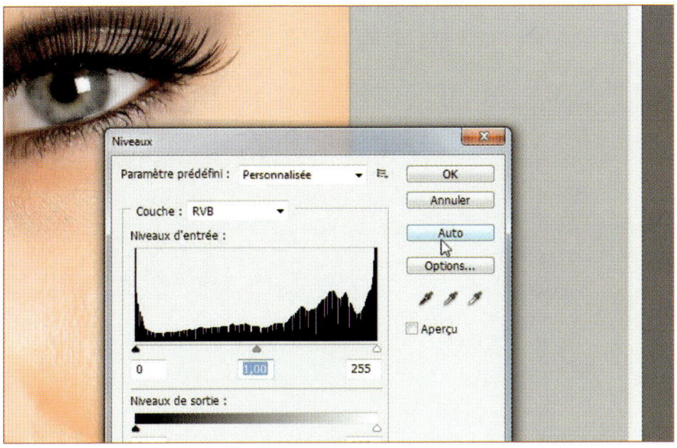

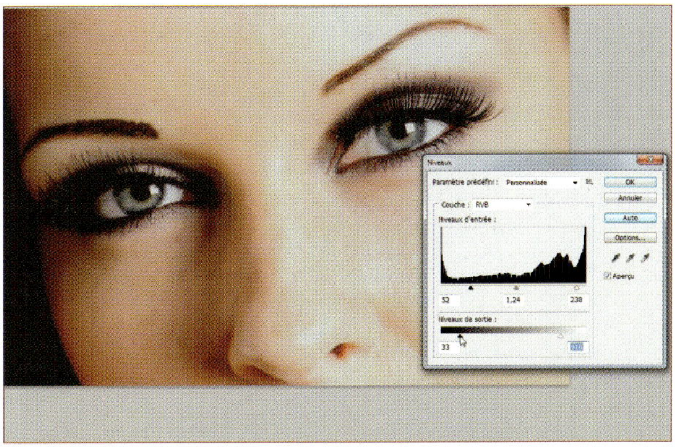

4 Si vous cliquez sur Auto, la position des curseurs est réinitialisée. Vous revenez à l'état originel de l'image. Sachez cependant que vous pouvez effectuer toutes les modifications pour mettre l'image en conformité avec vos goûts car, tant que vous ne cliquez pas sur OK, rien n'est définitif.

5 Enfin, les curseurs de la jauge Niveaux de sortie (le premier à gauche et le second à droite) vous permettront de gérer globalement l'exposition sur votre photo. Cliquez sur le bouton Options pour définir sur quelles gammes de couleurs les modifications seront appliquées.

EFFECTUER DES RETOUCHES

Corriger les yeux rouges

C'est la réverbération de la lumière (du flash notamment) dans l'iris qui occasionne l'effet bien connu des yeux rouges. Les appareils les plus récents proposent tous en théorie des fonctions de corrections automatiques, mais ces dernières offrent des niveaux de fiabilité très variables. Il arrive donc bien souvent qu'il faille en passer par Photoshop pour éradiquer les derniers reflets rougeâtres dans le regard de vos personnages. Photoshop met à votre disposition un outil spécifique qui fait des merveilles.

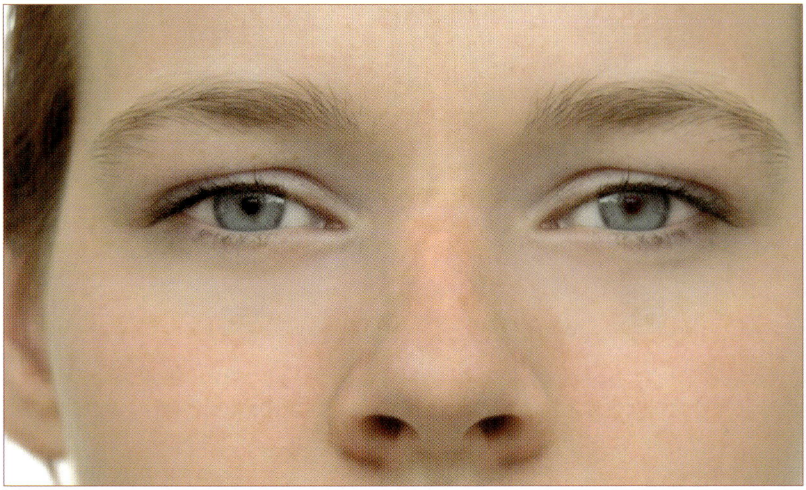

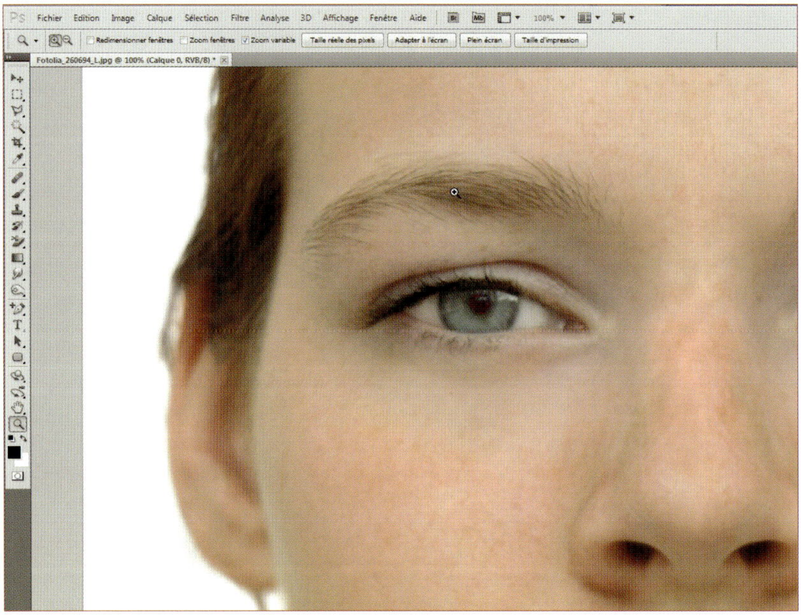

1 Au sein de Photoshop, ouvrez l'image dont vous souhaitez corriger les défauts. Lorsque le fichier est opérationnel, adaptez l'affichage en utilisant la loupe. Vous pouvez ainsi zoomer autant que possible sur le regard du personnage et mesurer l'intensité de la dégradation.

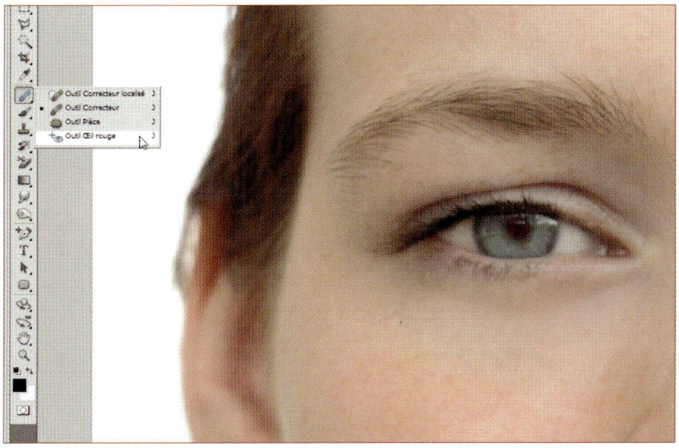

2 Dans la palette d'outils disponible sur le côté gauche de l'espace de travail, cliquez sur l'outil Correcteur, symbolisé par un pansement. Effectuez alors un clic long sur l'icône jusqu'à ce qu'un volet additionnel s'affiche et cliquez cette fois dans Outil Œil rouge.

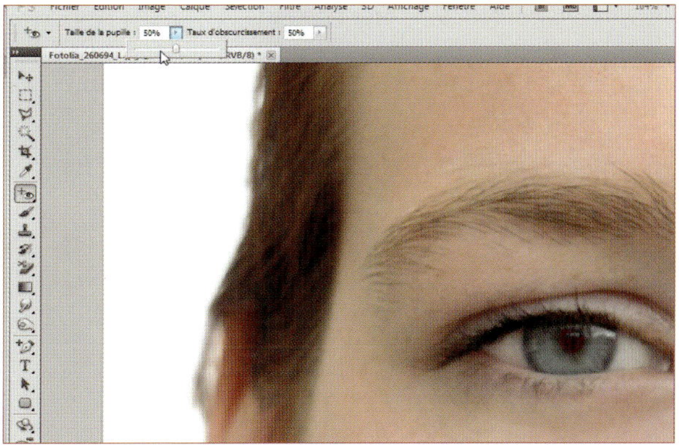

3 Après avoir activé l'outil Œil rouge, vous devez en ajuster les paramètres de fonctionnement. Cliquez sur le curseur Taille de la pupille. En fonction de la correction à apporter et du réalisme à conserver à votre photo, évitez de dépasser la valeur 50 %.

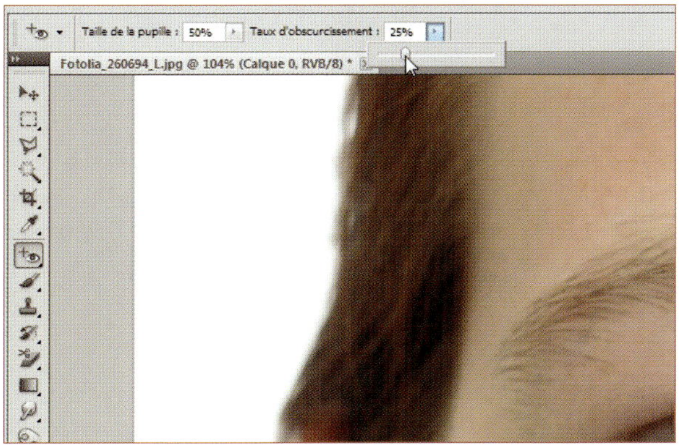

4 L'outil Œil rouge fonctionne très simplement. Il détecte les zones affectées par le défaut et se charge d'obscurcir cette zone. Si l'œil est très rouge, augmentez la valeur Taux d'obscurcissement. Si au contraire le défaut est d'une intensité limitée, réduisez la valeur à l'aide du curseur.

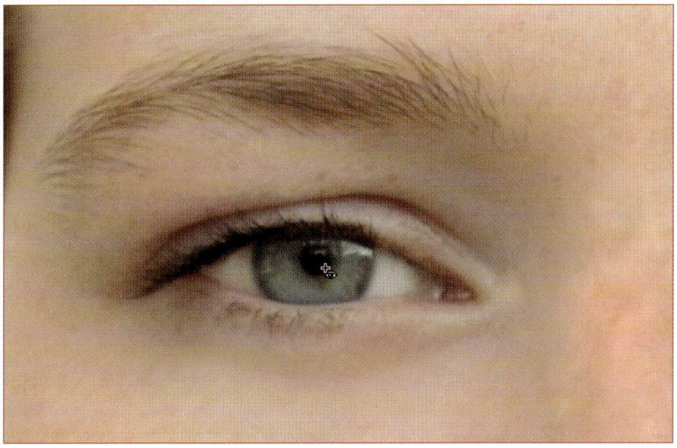

5 Traitez le défaut à l'aide de la souris. Il suffit de cliquer au centre de la pupille pour que le filtre de correction automatique soit appliqué. La modification est immédiate. Effectuez un CTRL + Z si le noir de la pupille est trop intense. Corrigez le taux d'obscurcissement et répétez l'opération.

Ajuster la taille d'une image

Lorsque vous prenez des photos avec un appareil photo numérique, la taille de l'image dépend du nombre de points capturés. Plus le nombre de points est élevé, plus le niveau de détail est important, plus il sera possible d'effectuer des tirages en grand format. Cependant, selon l'usage que vous ambitionnez de faire de votre image, sa taille conditionne également son point. Une photo réalisée avec un capteur de 12 mégapixels pèsera en règle générale autour de 6 Mo. Pour réduire le poids de l'image, la travailler plus confortablement et l'échanger plus aisément, réduisez sa taille.

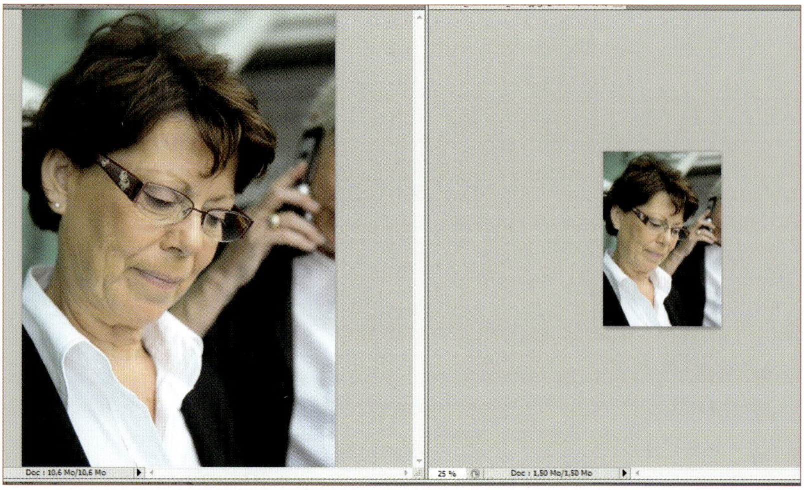

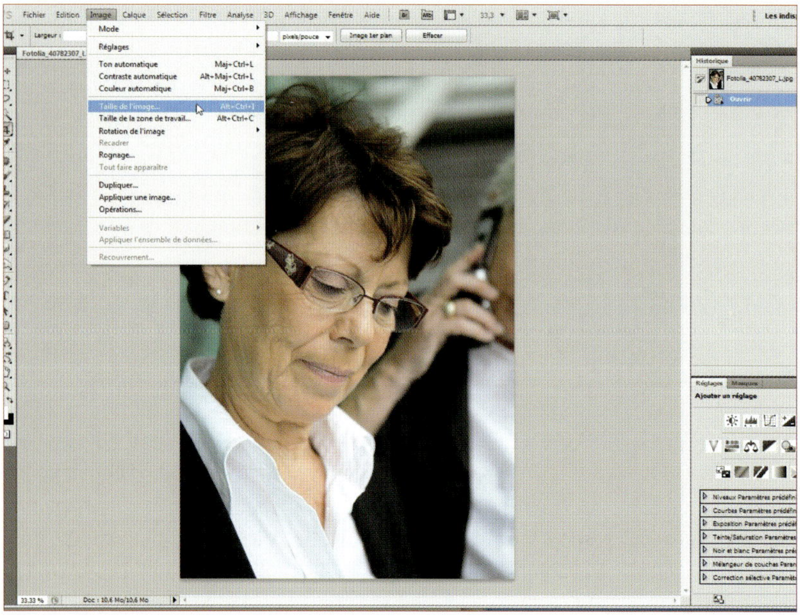

1 Ouvrez l'image à retoucher dans Photoshop. Lorsque le fichier est opérationnel, son poids en octets figure dans la barre d'état, au bas de l'espace de travail. Pour modifier la taille de l'image, cliquez sur le menu Image puis sur la commande Taille de l'image.

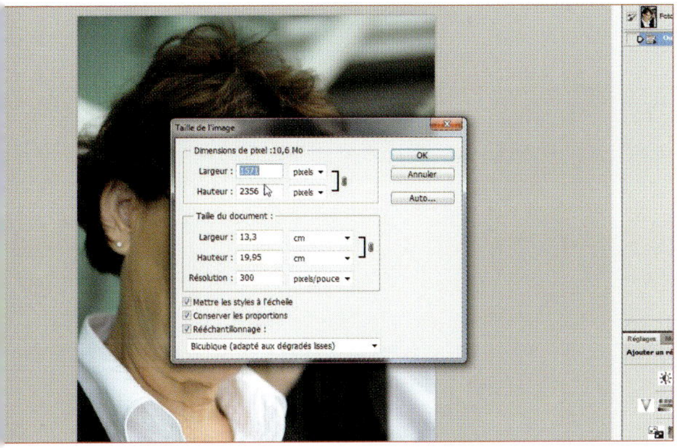

2 La fenêtre Taille de l'image apparaît. Elle vous permet d'accéder à un certain nombre d'informations clés sur la photo que vous avez ouverte dans son état initial. La section Dimension de pixels affiche notamment la largeur et la hauteur de l'image en pixels.

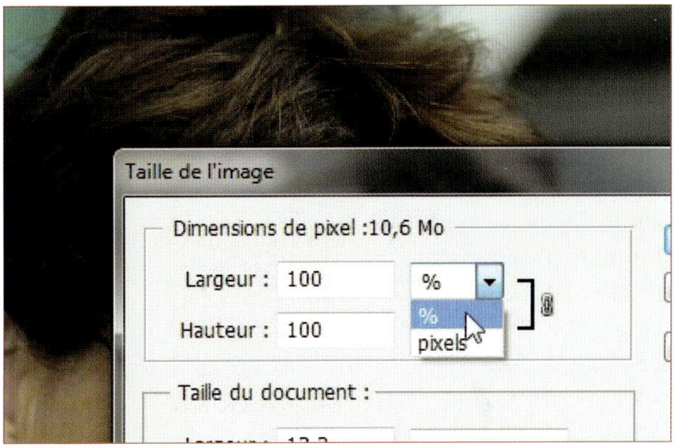

3 Cliquez sur la liste déroulante Pixels. L'autre option disponible consiste à indiquer la taille de l'image en pourcentage de sa taille d'origine. Si vous sélectionnez cette unité, à ce stade, l'information qui est affichée pour la largeur et la hauteur est de 100 %.

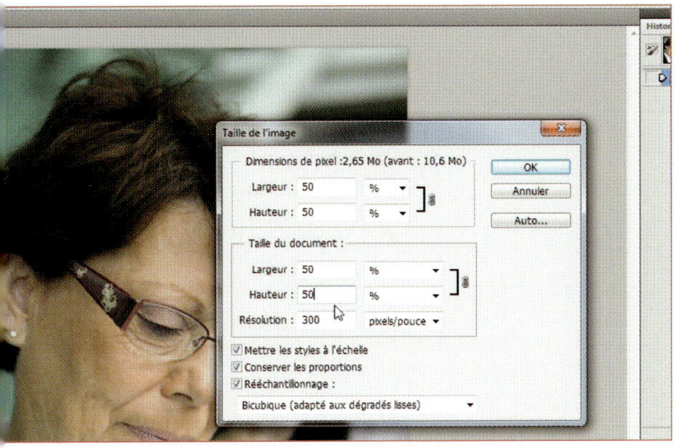

4 Intéressez-vous à la section Taille du document. Celle-ci est exprimée en centimètres, dans une résolution de 300 pixels par pouce. Dans Liste, sélectionnez à nouveau le symbole % et saisissez « 50 » dans les champs Largeur et Hauteur. Le poids indiqué dans la section Dimensions de pixel a été réduit.

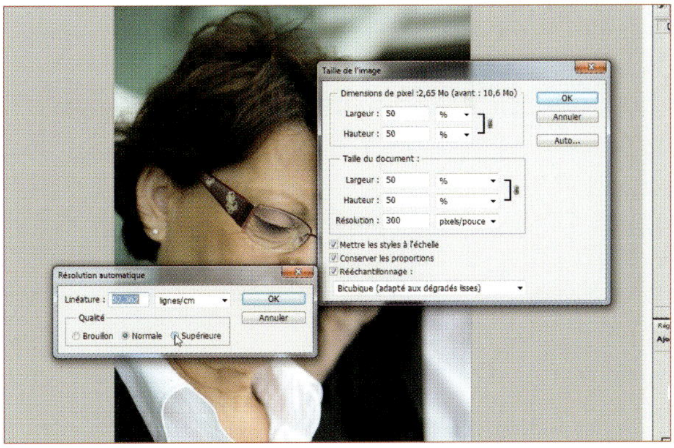

5 Si vous redoutez de commettre un impair, cliquez sur le bouton Auto. Une nouvelle fenêtre s'affiche et vous propose des tailles prédéfinies : brouillon, normale ou supérieure. Cochez la case de votre choix puis validez par OK. Fermez la fenêtre Taille de l'image puis enregistrez l'image.

Recadrer une photo

Plus votre appareil photo est performant, plus la résolution des images qui sont produites est importante. Dès lors, le niveau de détail est tel qu'il est possible de recadrer l'image sur un point précis sans perte de qualité perceptible à l'œil nu. Pour recadrer une photo, vous pouvez dessiner un cadre de sélection, cliquer sur Édition puis Copier, puis collez l'image dans un nouveau document vierge. Mais pour gagner du temps il est préférable d'utiliser la fonction Recadrer de Photoshop qui vous permet des recadrages précis au pixel près.

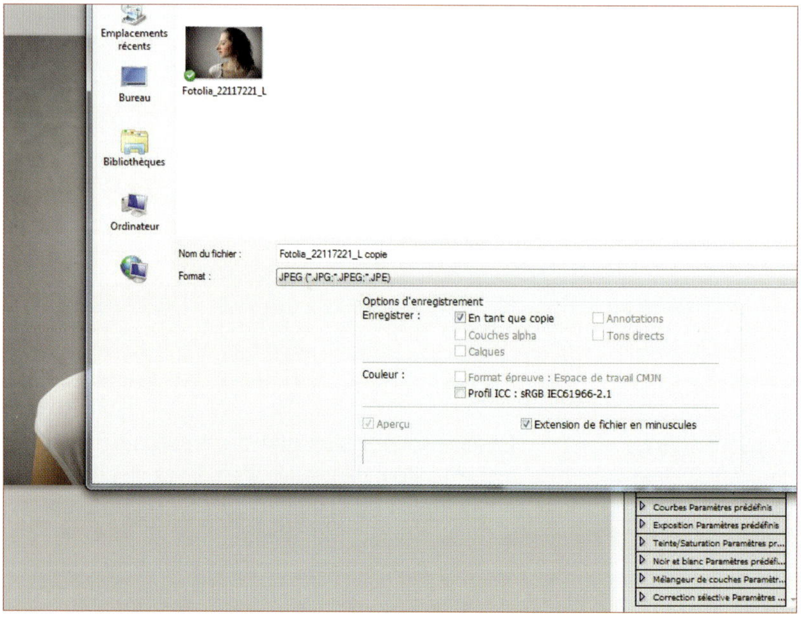

1 Après avoir ouvert le document à recadrer, pensez par précaution à travailler sur une copie du document originel pour éviter toute déconvenue. Cliquez sur le menu déroulant Fichier puis sur la commande Enregistrer sous. Dans la fenêtre qui apparaît, cochez En tant que copie et validez.

2 Pour commencer la modification de la version copiée de l'image, portez votre attention vers la palette d'outils sur la gauche de l'écran et activez l'icône de l'outil Recadrage. Si vous effectuez un appui long, d'autres outils complémentaires s'affichent mais ils ne sont pas adaptés à cet exercice.

3 Le curseur de la souris change d'allure. Vous devez maintenant dessiner la zone de recadrage en appuyant sur le bouton gauche de la souris et en effectuant un glisser-déplacer jusqu'à ce que le cadre vous semble convenir. Il est ainsi possible de remettre un personnage au centre du cadre.

4 Toutes les parties de l'image qui se trouvent hors de la zone de cadrage apparaissent de manière distinctive car elles sont obscurcies. Si vous souhaitez faire des ajustements au cadrage, utilisez les poignées de redimensionnement qui enserrent l'image. Pour revenir en arrière appuyez sur Échap.

5 Lorsque vous êtes satisfait de ce que l'aperçu immédiat vous laisse entrevoir, vous devez valider le recadrage. Il vous suffit d'effectuer un double-clic dans la zone recadrée. L'image prend alors sa forme définitive. Si vous avez un regret, cliquez sur le menu Édition puis Annuler recadrage.

Appliquer des rotations

Lorsque vous retouchez une image ou lorsque vous souhaitez appliquer un effet à une image, il peut être judicieux d'effectuer une rotation de tout ou partie de l'image. Si la prise de vue n'est pas parfaitement plane, vous pouvez corriger le résultat final très simplement. Attention cependant : appliquer une rotation à un élément d'une image peut parfois conduire à en modifier le cadrage, par exemple, pour que votre photo soit réalisée par rapport à l'arrière-plan par exemple. En agissant avec méthode, le champ des possibles est très large.

1 Dans le cas présent, nous souhaitons redresser ce portrait. Le regard est incliné vers la gauche. L'objectif consiste à appliquer une rotation qui permettra de restaurer une certaine horizontalité à ce cliché. Pour ce faire, cliquez sur l'outil Sélection et sélectionnez la portion d'image concernée.

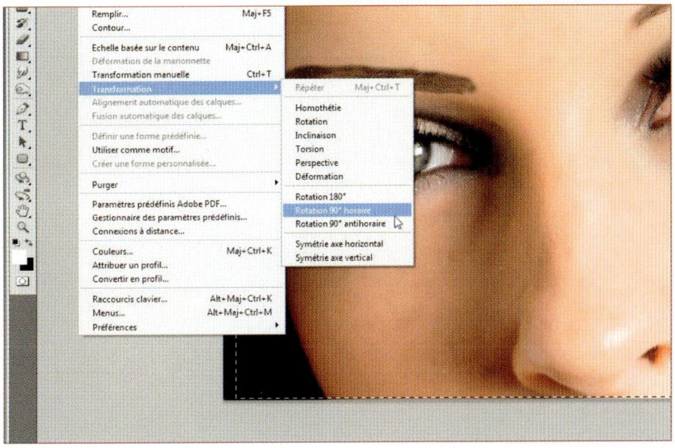

2 Pour accéder à la possibilité d'appliquer un effet de rotation, il nous faut commencer par cliquer sur le menu déroulant Édition. Dans la liste des commandes disponibles, portez alors votre attention dans le tiers inférieur, à l'intitulé Transformation qui est suivi d'une flèche vers la droite.

3 La flèche orientée vers la droite vous indique qu'un volet latéral va être déployé. Il dresse la liste des transformations possible. Vous remarquez que certains effets de rotation prédéfinis (horaire et anti-horaire, 90° et 180°) sont disponibles. Mais ceux-ci ne nous intéressent pas.

4 Cliquez plutôt sur l'intitulé Rotation (le deuxième en partant du haut). Une fois cette commande activée, vous remarquez la présence de différentes poignées qui enserrent la zone sélectionnée à l'étape numéro 2. Utilisez ces poignées pour redresser l'image. Double-cliquez pour valider.

5 Activez ensuite l'outil Recadrage et dessinez la zone désirée pour éliminer les portions de l'image qui ne sont plus raccord, une fois la rotation appliquée. Dans certains cas, il peut être indispensable d'utiliser l'outil de duplication pour combler et corriger certains défauts liés à la rotation.

Utiliser la palette de couleurs

Que vous envisagiez un tirage de vos photos sur papier, une utilisation sur Internet ou encore l'intégration de ces images dans une maquette à des fins de travaux d'imprimerie, vous devrez gérer la palette de couleurs avec rigueur. L'ensemble des fonctionnalités liées aux palettes de couleurs, au nuancier et au sélecteur de couleur sous Photoshop, permettent un travail de très haute précision qui peut s'appliquer aussi bien aux images qu'aux textes qui y sont ajoutés. Découvrez l'éventail des possibilités !

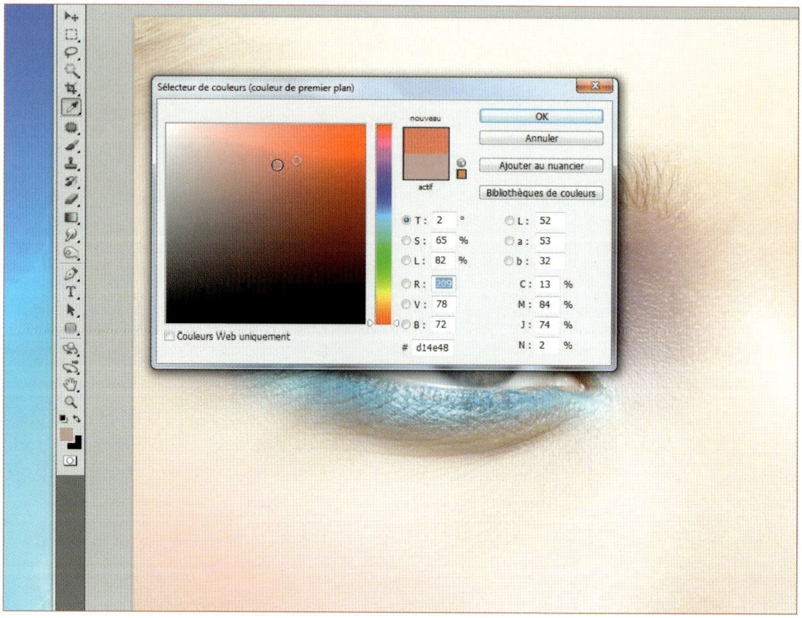

1 Pour afficher la palette, double-cliquez sur le carré de couleur au bas de la palette d'outils située sur la partie gauche de la fenêtre. Le sélecteur de couleurs s'affiche. Il peut être utilisé de différentes façons, la plus simple consistant à déplacer le cercle de sélection dans la partie gauche.

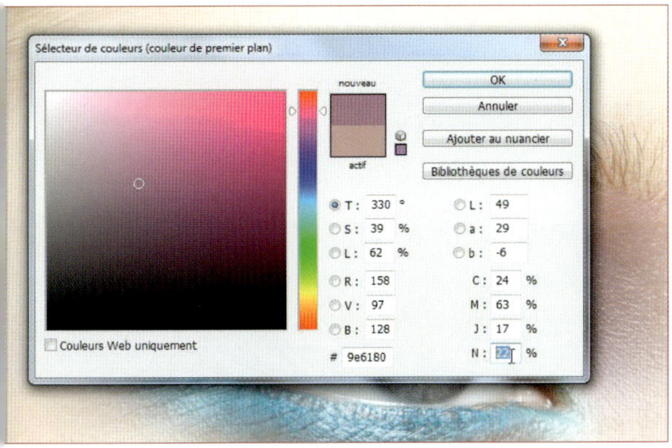

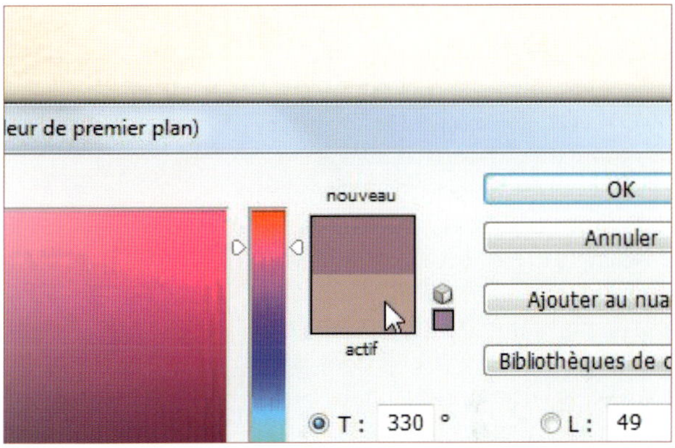

2 Chaque couleur peut également être personnalisée sur l'échelle chromatique en utilisant les codifications numériques. Modifiez les proportions de chacune des couleurs primaires (R, V et B) dans les champs disponibles dans la partie droite pour obtenir la nuance désirée.

3 Pour vous permettre de comparer les couleurs entre leur état d'origine (tel qu'il se révèle sur votre image) et leur état, une fois qu'elles sont modifiées, le sélecteur de couleurs met à votre disposition deux vignettes très utiles qui sont affichées en permanence. Elles sont identifiées par les intitulés Actif et Nouveau.

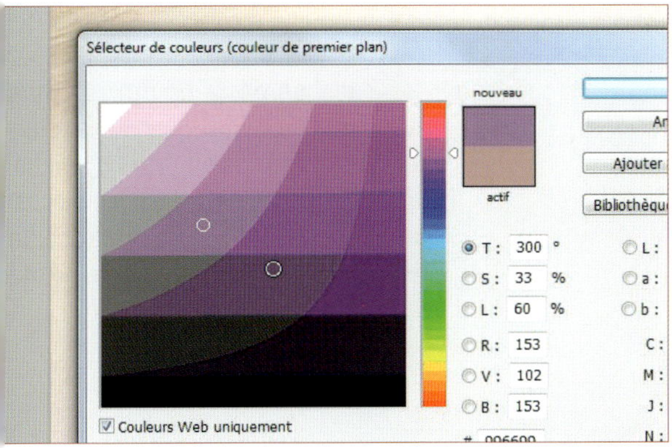

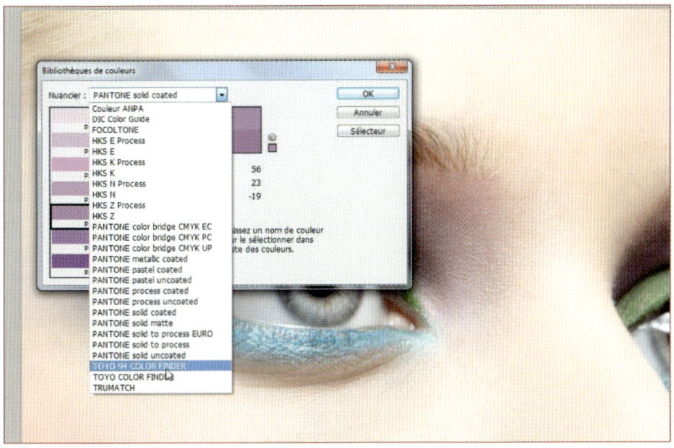

4 Le nombre de couleurs sur Internet est limité pour des raisons de poids. Pourquoi perdre du temps à sélectionner dans la palette des couleurs qui ne seront pas pleinement retranscrites sur Internet ? Cochez dans le sélecteur la case Couleurs Web uniquement pour limiter la palette.

5 Cliquez sur le bouton Bibliothèques de couleurs. Comme vous le savez, plusieurs bases chromatiques différentes peuvent être utilisées. Même si les couleurs Pantone sont les plus courantes, explorez les autres en cliquant sur la liste déroulante Nuancier. Composez ensuite votre palette !

Fonctions de transformation

Si vous décidez d'effectuer des retouches avancées sur vos photos numériques, vous serez nécessairement amené à avoir recours aux fonctions de transformation. Ces dernières sont très riches et permettent finalement d'adapter n'importe quel élément de vos images. On peut alors envisager par exemple de superposer un élément plat sur un élément arrondi, tout en créant l'illusion que le premier a toujours été appliqué sur le second. Ces transformations doivent cependant être utilisées avec parcimonie et surtout avec le souci du réalisme.

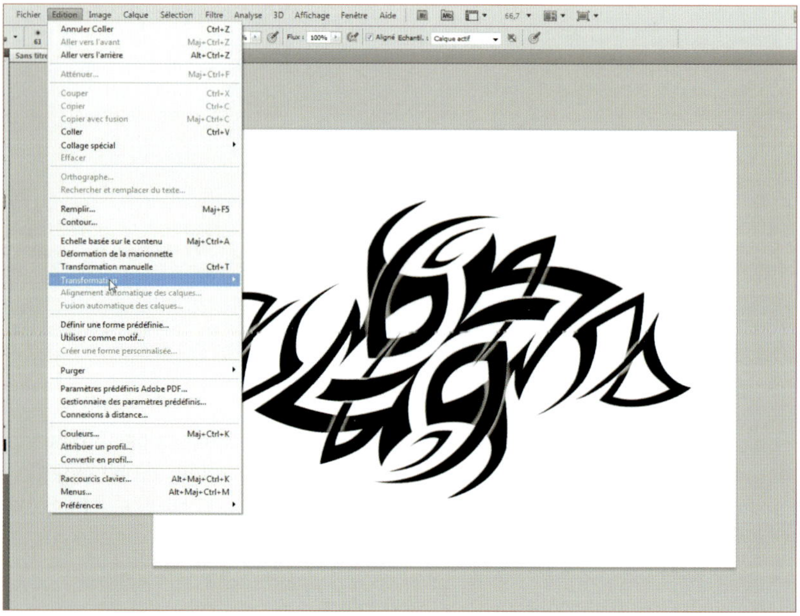

1 Les occasions d'utiliser le large éventail d'options de transformation offert par Photoshop ne manquent pas. Elles permettront tantôt de renforcer une perspective ou de corriger une vue prise avec un objectif grand angle. Pour y accéder, cliquez sur le menu Édition puis sur Transformation.

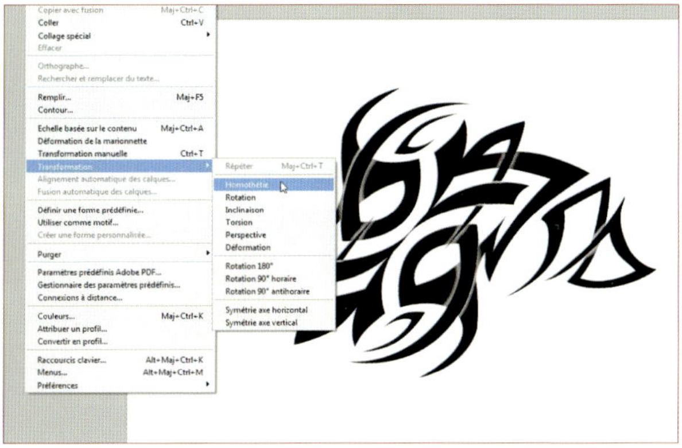

2 La flèche orientée vers la droite vous indique qu'un volet latéral va être déployé. Il dresse la liste des transformations possibles. Ces dernières présentent toutes des avantages différents. Leurs appellations sont souvent explicites. Cliquez pour commencer sur Homothétie.

3 L'ensemble de votre image est alors enserré par différentes poignées de redimensionnement. La transformation homothétique respectera toujours les proportions d'image. Utilisez-la pour réduire ou augmenter proportionnellement la taille de l'élément sélectionné.

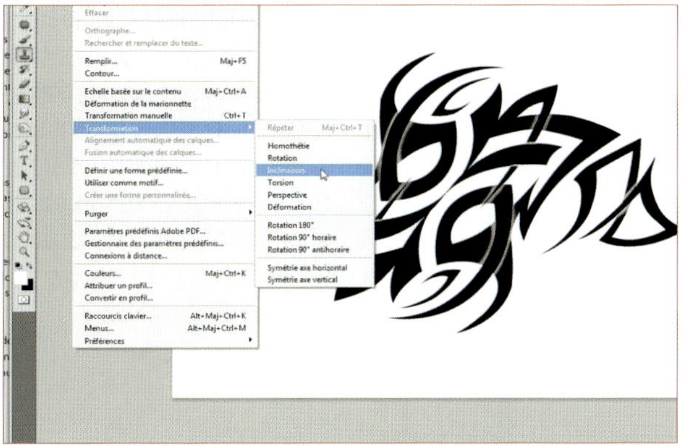

4 Si vous n'êtes pas satisfait du résultat obtenu avec la Transformation homothétique appuyez sur la touche Échap de votre clavier puis cliquez à nouveau sur Édition puis sur Transformation. Dans le volet latéral, essayez cette fois une autre transformation en cliquant sur l'intitulé Inclinaison.

5 Utilisez maintenant une ou plusieurs des 9 poignées qui sont à votre disposition autour de l'image pour appliquer l'effet d'inclinaison. Celui-ci s'obtient uniquement à l'aide de la souris, il faut donc agir avec précision et s'arrêter lorsque l'inclinaison souhaitée est obtenue. Double-cliquez pour valider.

Corriger un élément au tampo

Lorsque vous avez effectué votre prise de vue, vous n'avez pas remarqué cette tache sur le chemisier du sujet ou l'impureté qui est venue se déposer sur votre objectif ? Ou peut-être souhaitez-vous simplement faire disparaître un grain de beauté ou un bouton que vous trouvez disgrâcieux ? Avec Photoshop et son outil Tampon de duplication, vous pouvez éradiquer cet élément perturbateur en quelques clics et, si vous agissez avec méthode, sans que personne ne puisse se douter que vous êtes intervenu pour corriger cette image.

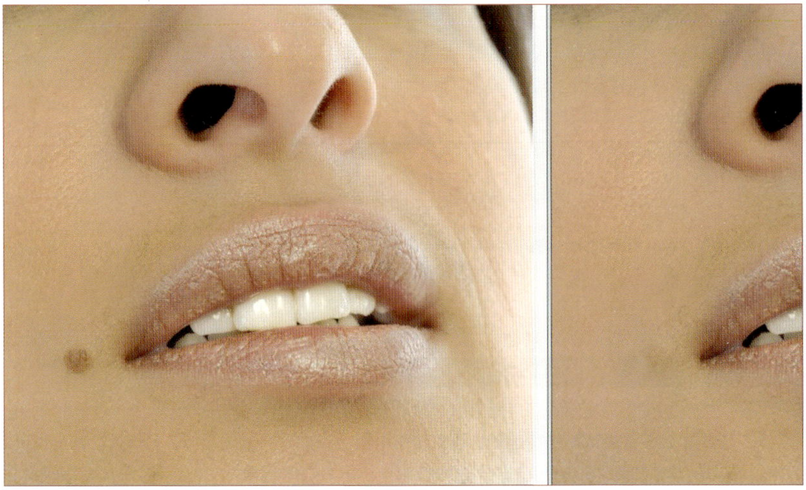

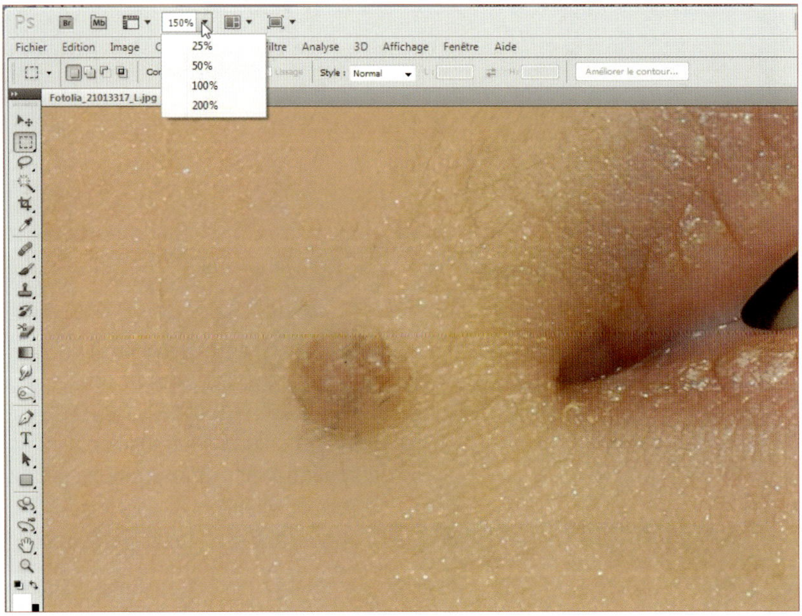

1 Ouvrez l'image qui comporte un élément à supprimer et portez le zoom à une valeur élevée, afin d'afficher prioritairement la zone située autour de cet élément. N'exagérez pas la valeur du zoom pour que les pixels ne soient pas trop apparents.

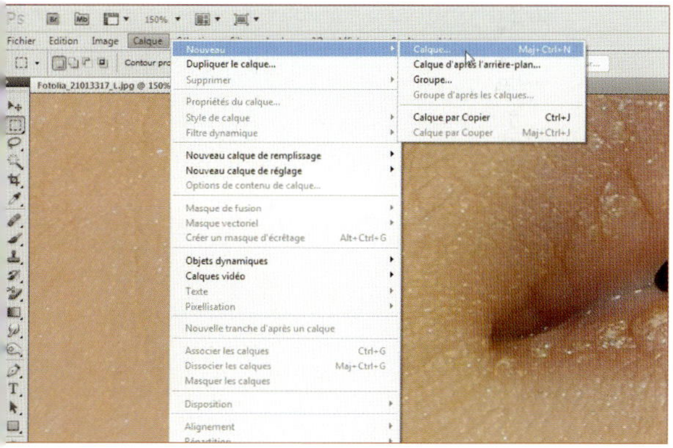

2 Pour éviter de causer des dommages irréversibles à votre image originelle, préférez, comme bien souvent, travailler sur un calque. Pour ce faire, cliquez sur le nenu déroulant Calque puis cliquez sur la commande Nou-eau calque. Ce dernier prend alors position dans le panneau ;alque. Activez-le.

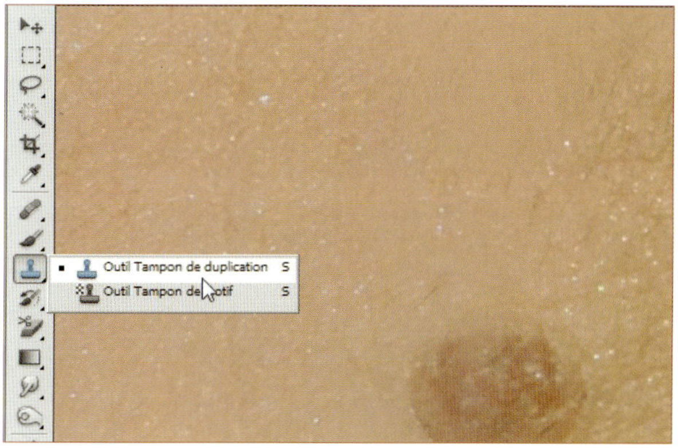

3 Dans la palette d'outils qui se trouve sur le bord latéral gauche de votre écran, cliquez sur l'icône de l'outil Tampon de duplication. Ce dernier est aisément identifiable car il est symbolisé par un tampon encreur. C'est lui qui va vous permettre de faire disparaître l'élément indésirable.

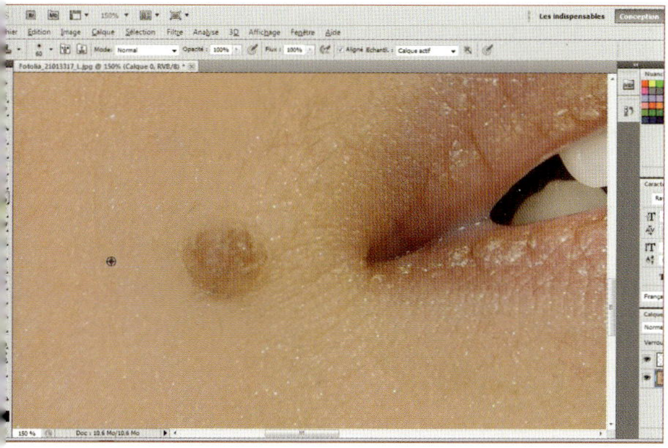

4 Activez maintenant le calque d'arrière-plan, puis appuyez sur la touche ALT de votre clavier puis, avec le bouton gauche de votre souris, cliquez sur la zone ui servira de base à la duplication. Pour éradiquer un grain e beauté, sélectionnez une zone où la couleur de la peau st compatible.

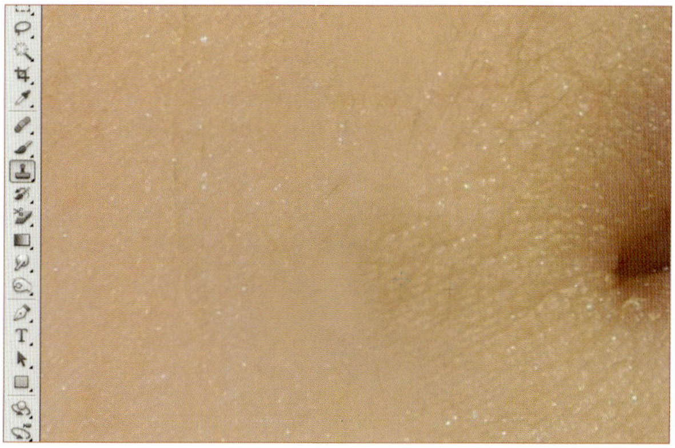

5 Activez de nouveau le calque créé à l'étape 2. Avec votre souris, vous pouvez maintenant cliquer sur le grain de beauté à dissimuler. N'hésitez pas à répéter la manipulation de l'étape 4 pour que les pixels adjacents soient vraiment imperceptibles. Le grain de beauté disparaît alors.

Écrire dans une image

Envie de créer une carte de vœux personnalisée à partir d'une photo que vous jugez réussie ? Besoin d'effectuer une retouche en vue de modifier les informations sur un panneau indicateur ou sur un panneau publicitaire, ou tout simplement souhait de procéder à une insertion de texte sur une image ? Photoshop vous offre une très grande latitude dans les commandes disponibles. Une fois le calque de texte inséré, toutes les personnalisations et toutes transformations sont envisageables. Polices, styles, couleurs, types d'alignement, pilotez vos textes à la carte.

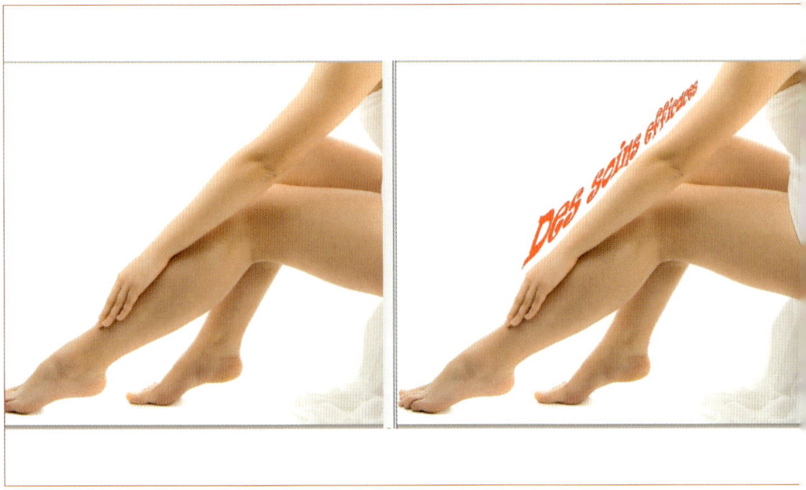

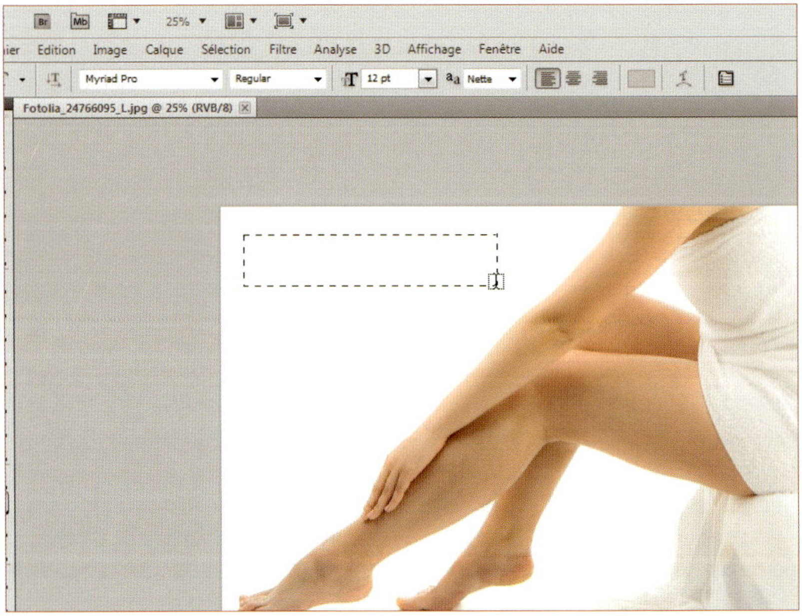

1 Une fois que vous avez ouvert votre image sous Photoshop portez votre attention sur la palette d'outils à gauche de l'interface. Cliquez sur l'icône de l'outil Texte, symbolisée par un T majuscule. Une fois l'outil actif, dessinez la zone de texte à l'endroit où vous souhaitez la voir apparaître.

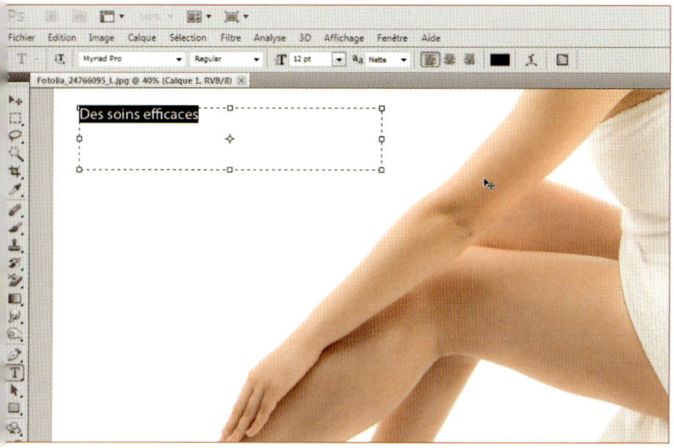

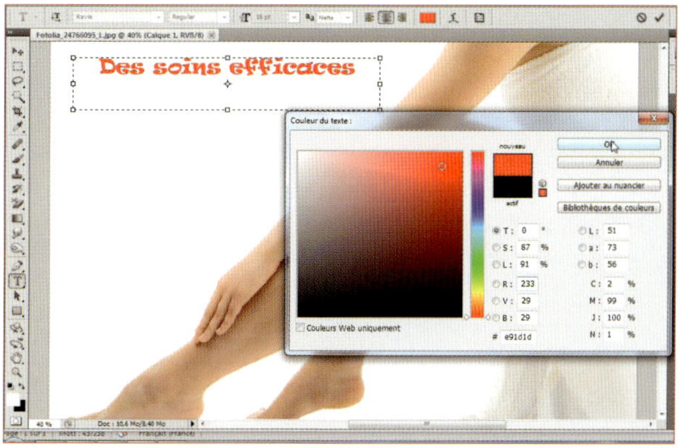

2 Lorsque la zone de texte est dessinée, vous pouvez saisir votre texte à l'aide de votre clavier. Lorsque les caractères sont saisis, procédez comme dans un logiciel de traitement de texte et placez les mots en surbrillance avec la souris. Attelez-vous maintenant à en modifier les attributs.

3 L'ensemble des interactions envisageables avec votre texte sera géré avec la barre d'outils contextuelle affichée en haut de l'écran. Modifiez alors la police par défaut, la taille des caractères ou encore la couleur ou l'alignement, jusqu'à l'obtention d'un résultat graphique conforme à vos désirs.

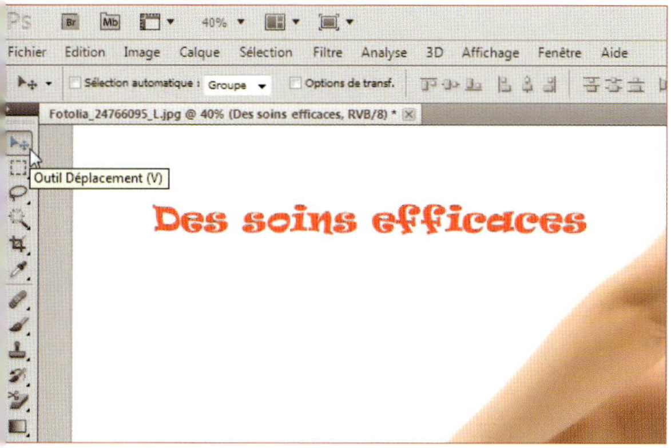

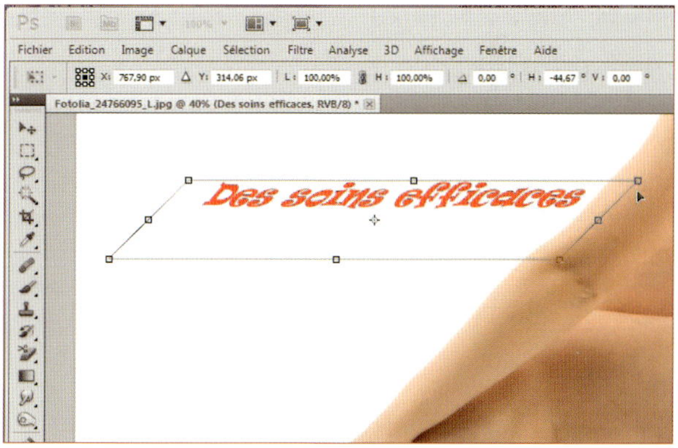

4 La zone de texte insérée est indépendante du reste de votre photo car elle fonctionne comme un calque. Vous pouvez en ajuster la position comme bon vous semble en sélectionnant l'outil Déplacer dans la palette d'outils. Ajustez la position du cadre avec votre souris.

5 Le texte ainsi mis en place possédant les attributs d'un calque ordinaire, vous pouvez lui appliquer différents types de transformation. Activez le calque Texte puis cliquez sur le menu déroulant Édition puis sur Transformation. Vous pouvez également appliquer une transformation manuelle.

Utiliser l'outil Fluidité

Parmi les dizaines de filtres disponibles (parmi les centaines d'actions possibles sous Photoshop), si l'en est un qui offre de grandes perspectives, c'est bien l'outil Fluidité. Il vous permettra tantôt d'adoucir les contours d'un visage, tantôt d'éliminer quelques rondeurs disgracieuses, tantôt, au contraire, d'arrondir des éléments un peu trop saillants sur une photo. Bref, l'outil Fluidité est un outil dans l'outil, capable de remplir de nombreuses missions et de contribuer à améliorer considérablement les sujets sur vos clichés. Il ne se laisse pourtant pas dompter facilement…

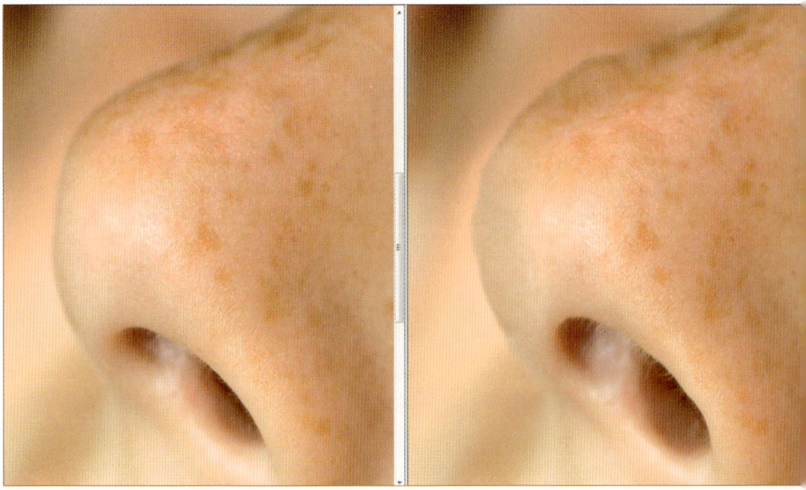

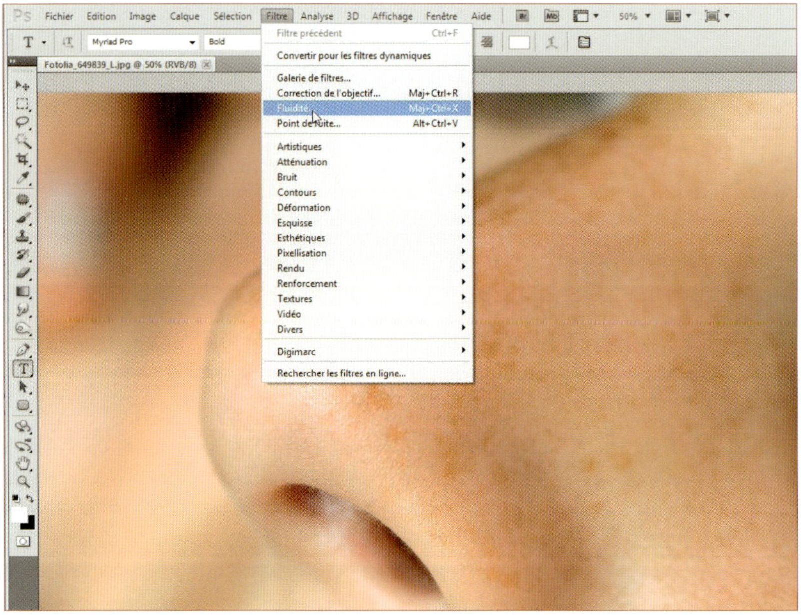

1 L'outil Fluidité, même si vous serez sans doute amené à l'utiliser régulièrement, n'est pas accessible à partir d'une barre d'outils. Pour y accéder, cliquez sur Filtre puis, dans la liste des commandes, cliquez sur l'item Fluidité (pour gagner du temps utilisez le raccourci clavier Maj + CTRL + X).

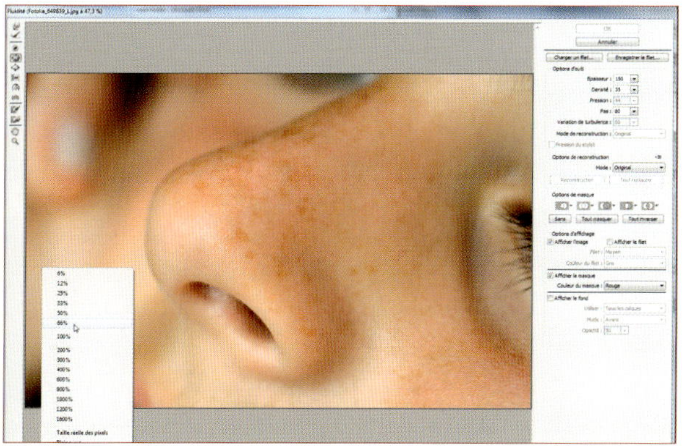

2 La fenêtre Fluidité apparaît à l'écran. Commencez par adapter l'affichage en cliquant sur les boutons + ou –, présents dans l'angle inférieur gauche de la zone de travail, ou utilisez le menu déroulant. Ne zoomez pas trop pour conserver une vue d'ensemble.

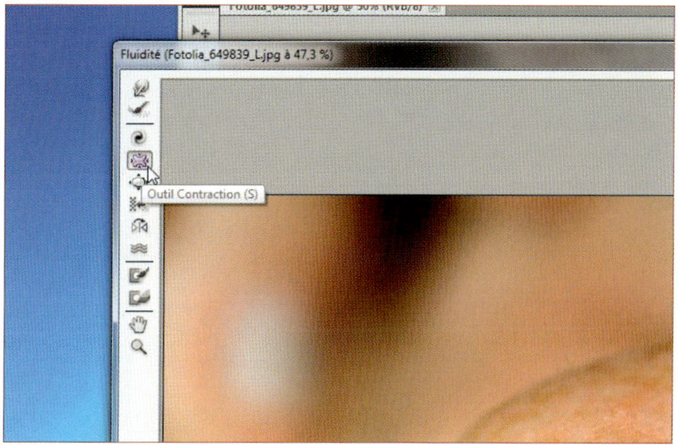

3 Dans la barre d'outils verticale située sur le côté gauche de l'interface se trouvent les différentes déformations qui pourront être apportées aux différents éléments de votre cliché. Lorsque vous survolez ces icônes avec votre souris, des info-bulles vous indiquent leurs fonctions.

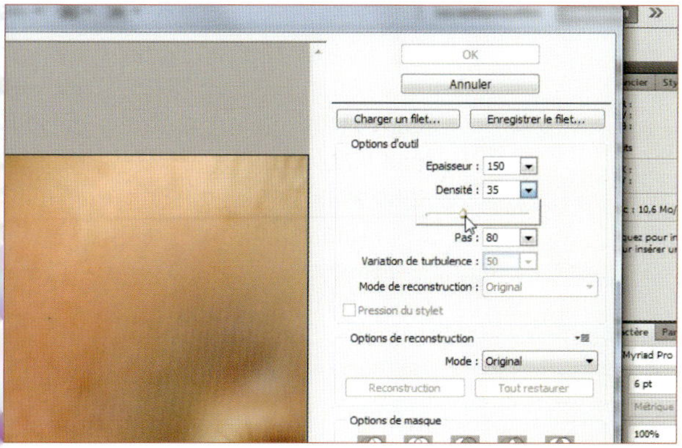

4 Si vous désirez affiner un élément de votre photo, cliquez sur Contraction. Dans la section Options d'outils (à droite), placez le curseur Épaisseur sur 60 puis ajustez la densité (évitez de dépasser la valeur 50). Pour la pression, conservez la valeur par défaut.

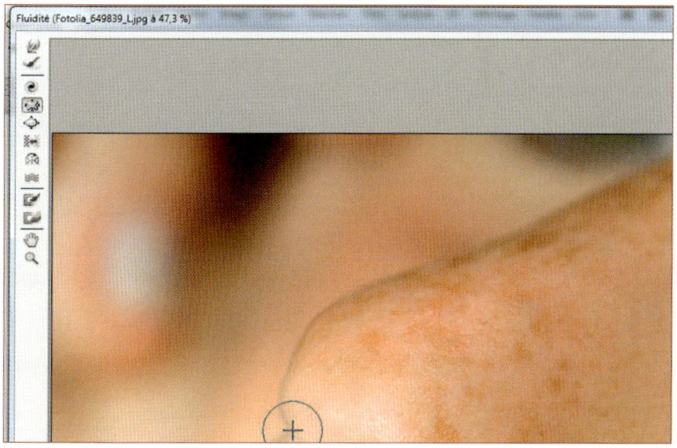

5 Le curseur de la souris change d'apparence. Placez-le sur les zones identifiées comme étant à affiner. Procédez par touches successives en glissant le pointeur de la souris vers les zones intérieures du visage. Agissez par retouches progressives. Validez vos changements en cliquant sur OK.

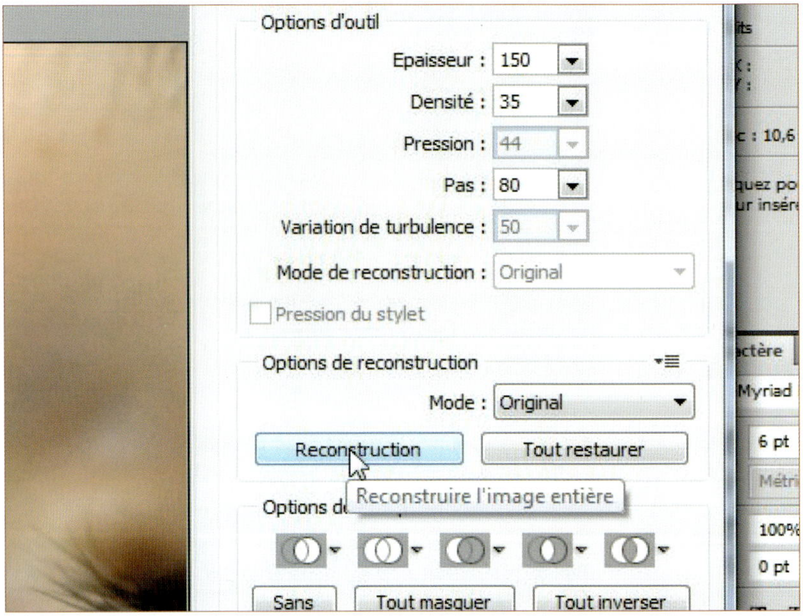

6 Vous avez fait des mauvais choix pour configurer l'image ? Celle-ci est déformée et n'est plus présentable ? Pas de panique. Dans la partie droite de votre écran, vous disposez d'un bouton qui permet de revenir en arrière. Cliquez sur le bouton Reconstruction pour revenir à l'état initial.

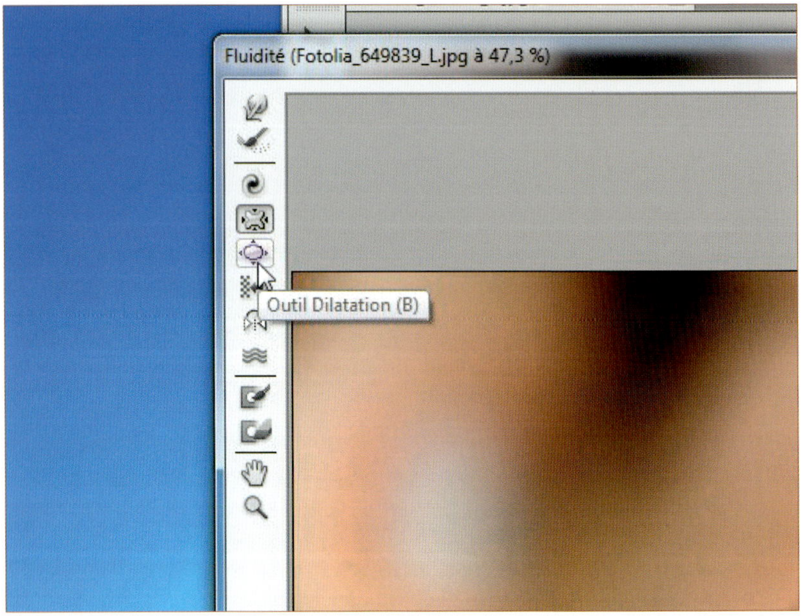

7 Affiner est une chose, mais l'outil Fluidité vous permettra aussi de redonner du galbe à des lèvres ou à des hanches par exemple. Dans la barre d'outils de gauche, cliquez maintenant sur l'icône appelée Outil dilatation. Cet outil permet à l'outil Fluidité de grossir l'image d'origine.

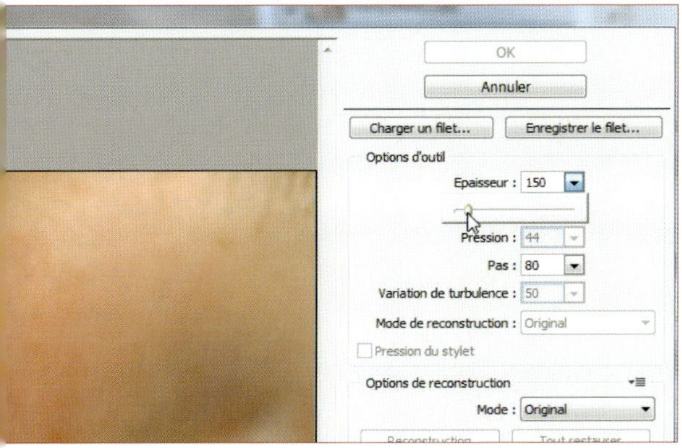

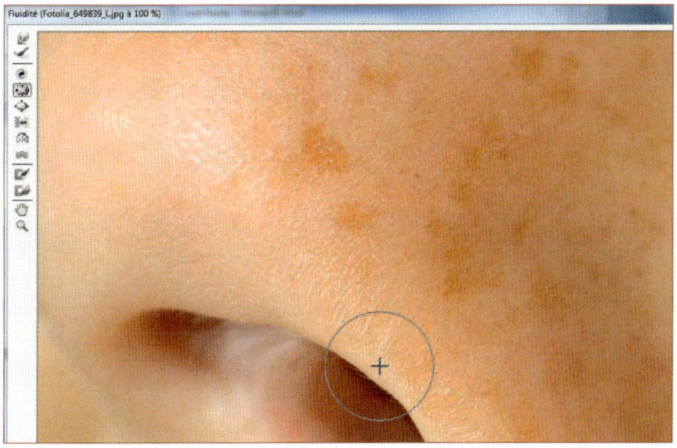

8 Dans le volet de droite, dans la section appelée Options d'outil, vous trouvez notamment un intitulé Épaisseur. Cet intitulé vous permet de définir le facteur de déformation qui sera appliqué. La valeur devra être ajustée en fonction de la dilatation escomptée.

9 Pour définir l'épaisseur adaptée, observez la forme du curseur lorsque vous le positionnez au-dessus de la zone à dilater. Le cercle qui entoure la croix doit épouser l'arrondi de l'élément concerné. Procédez alors aux premières retouches et adaptez les réglages.

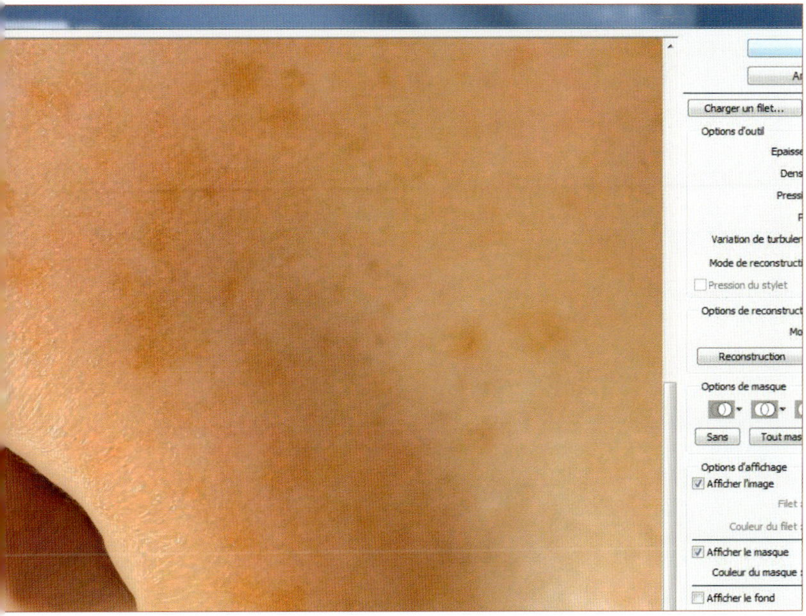

10 N'effectuez aucun mouvement avec la souris. Contentez-vous de maintenir la pression sur le bouton gauche de la souris jusqu'à ce que la dilatation vous convienne. L'outil Dilatation agit sans discernement. Il dilate tout. Assurez-vous donc que la déformation demeure cohérente puis validez par OK.

Explorer la galerie de filtres

Création d'une ambiance, délire graphique débridé, correction d'un défaut gênant ou encore renforcement d'un élément sur l'image au détriment des autres, le champ des possibilités que vous offrent les filtres intégrés à Photoshop est d'autant plus impressionnant que ces derniers peuvent être associés et que l'effet final est souvent la somme de nombreux petits détails a priori insignifiants. Les filtres sont tous personnalisables, notamment dans leur intensité. Il serait fastidieux de vouloir en dresser une liste exhaustive... Voici cependant une sélection du meilleur de Photoshop.

1 Pour appliquer un filtre à une image (ou à un calque sur une image), il vous suffit de cliquer sur le menu déroulant Filtres. Photoshop met alors à votre disposition treize catégories de filtres. Dans chaque catégorie vous pourrez mettre en place différents filtres en déployant le volet latéral.

2 Face à une telle profusion, l'utilisateur profane peut se sentir perdu. Il est en effet assez délicat de savoir quel impact un filtre pourra avoir sur une image lorsque l'on débute. Heureusement, Photoshop propose une galerie de filtres. Pour y accéder, cliquez sur Filtres, puis Galerie de filtres.

3 Le principal avantage de la galerie de filtres, c'est que vous pouvez obtenir un accès rapide à tous les filtres au sein d'une interface unique, et que l'aperçu est généré automatiquement sans altérer l'image d'origine. À gauche se trouve l'aperçu, à droite les familles de filtres à appliquer.

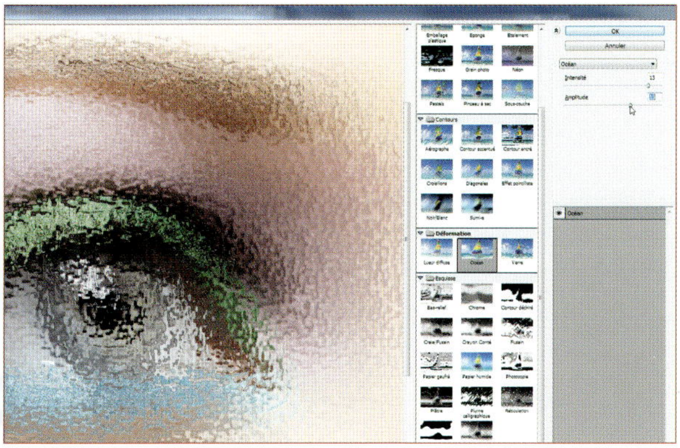

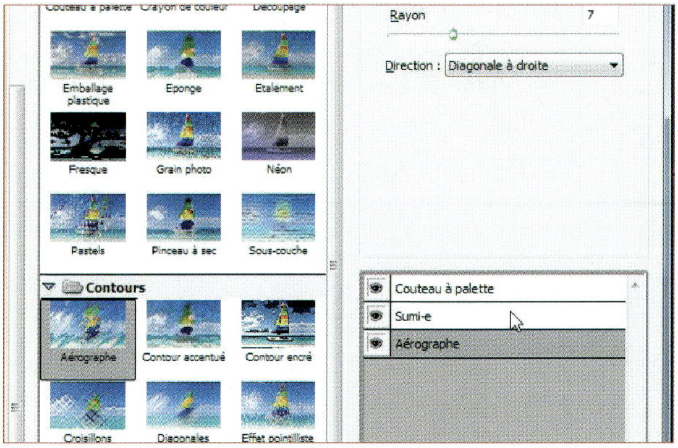

4 Cliquez sur l'un des filtres disponibles. Il est automatiquement appliqué à votre image dans la zone dédiée à l'aperçu automatique. Ce filtre n'a rien de figé, à droite de l'écran vous trouverez un certain nombre de curseurs et d'options à activer pour affiner le filtre et obtenir un résultat optimal.

5 Au bas de l'écran, cliquez sur le bouton Nouveau calque d'effet. Ajoutez autant de claques que vous souhaitez superposer de filtres sur votre image. Il ne vous reste plus qu'à ajuster chaque calque indépendamment des autres jusqu'à obtention de l'alchimie parfaite. Cliquez alors sur OK.

Exploiter le potentiel du doig

Enfant, vous vous amusiez à étaler avec votre doigt la gouache que vous veniez d'appliquer. Si vous avez conservé votre âme d'enfant, vous aurez obligatoirement une tendresse particulière pour l'outil Doigt de Photoshop. Il simule l'effet d'un doigt étalant de la peinture fraîche. Il prélève la couleur au point de départ et l'étale lorsque vous faites glisser. Vous pouvez appliquer l'outil Doigt aux couleurs existantes de l'image ou maculer l'image avec la couleur de premier plan. Les effets mis en place donnent une illusion de vitesse ou dissimulent un défaut mineur.

1 Ouvrez votre photo sous Photoshop et, avec le bouton droit de la souris, ouvrez le menu contextuel. Dans la liste des commandes disponibles, cliquez alors sur Dupliquer le calque. Une nouvelle fenêtre apparaît. Nommez le calque et validez sa création en cliquant sur le bouton OK.

2 Activez alors le calque que vous avez baptisé par exemple « Effet_doigt » puis, dans la palette d'outils, à gauche de votre écran, cliquez sur l'icône activant l'outil Doigt. Si vous effectuez un appui long, vous pouvez déployer un volet latéral affichant des variantes de l'outil.

3 La barre d'outils contextuelle apparaît alors au sommet de l'espace de travail. Ajustez les propriétés de l'outil doigt en ajustant non seulement la forme mais aussi l'épaisseur et la dureté de l'outil. Les valeurs dépendent de l'image mais aussi du projet. Effectuez les ajustements nécessaires.

4 Commencez maintenant à appliquer le doigt sur l'image. Dans notre cas, le sujet se déplace de la droite vers la gauche. Pour renforcer la sensation de vitesse de déplacement, nous étirons les pixels des contours de droite vers la droite, dans le sens inverse du déplacement.

5 À mesure que vous appliquez l'effet sur votre photo, il peut arriver que sur certaines portions, l'effet doigt soit trop virulent ou, a contrario, trop discret. Dans ce cas de figure, il faut s'en remettre à la barre d'outils contextuelle et ajuster l'intensité du doigt à l'aide du curseur.

Déplacer un élément

Il peut arriver parfois que votre photo soit réussie en tout point et qu'un simple détail, un élément mineur nuise finalement à l'ensemble. Dans ce cas de figure, la difficulté consiste non pas à déplacer ou à supprimer l'élément, mais bien de reconstituer un arrière-plan indétectable pour que l'image demeure équilibrée et que, surtout, la modification effectuée soit indétectable à l'œil nu. Sélection de précision, déplacement puis utilisation du tampon de duplication pour reconstituer l'arrière-plan, prévoyez une quinzaine de minutes pour ce chantier de retouche.

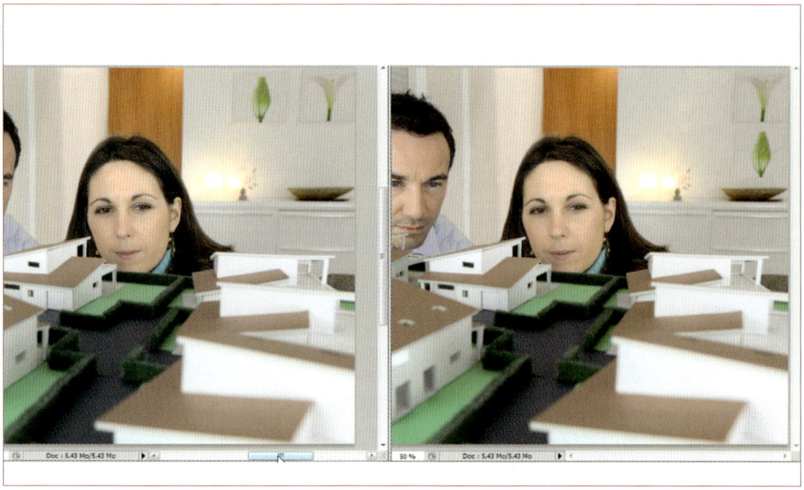

1 Après avoir ouvert votre image dans Photoshop, cliquez avec le bouton droit de la souris et sélectionnez Dupliquer le calque dans le menu contextuel. Nommez ce calque puis, dans la palette d'outils, cliquez sur l'outil Plume et tracez les contours de la forme à déplacer.

2 Lorsque la forme de l'élément est rudimentaire, comme c'est le cas sur notre exemple, le traçage des contours ne prend que peu de temps. Lorsque les contours sont définis, cliquez avec le bouton droit de la souris pour ouvrir le menu contextuel et cliquez sur Définir une sélection.

3 La sélection est effective dès que vous avez cliqué sur OK pour valider. Elle apparaît classiquement sous une forme de pointillés. Dans la palette d'outils qui se trouve à gauche, cliquez alors sur l'outil Déplacement. Grâce à lui, vous pourrez positionner l'élément à l'emplacement désiré.

4 À l'aide de votre souris, déplacez l'élément sélectionné. Cliquez sur le bouton gauche de votre souris et, tout en maintenant la pression sur le bouton, glissez l'élément vers la zone désirée. Ajustez le positionnement avec autant de précision que possible. Prenez votre temps.

5 L'emplacement d'origine cède la place à un arrière-plan noir que vous dissimulerez à l'aide du tampon de duplication. Appuyez sur la touche ALT du clavier et cliquez que les pixels de référence. Cachez ensuite le carré noir avec le curseur de la souris.

Appliquer des textures

Lorsque vous souhaitez vous lancer dans un projet de retouche ou de trucage photo ambitieux, l'application d'une texture sur une image peut vous permettre d'obtenir un résultat spectaculaire. Cependant, la technique peut être relativement complexe car au-delà de la sélection de la texture appliquée, il y aura surtout de nombreux paramètres à prendre en compte pour que cette texture adhère parfaitement au sujet de votre photo. Comme tout effet, la « technique » ne doit pas être perceptible. Il vous faudra ainsi y consacrer du temps pour que votre projet soit véritablement satisfaisant.

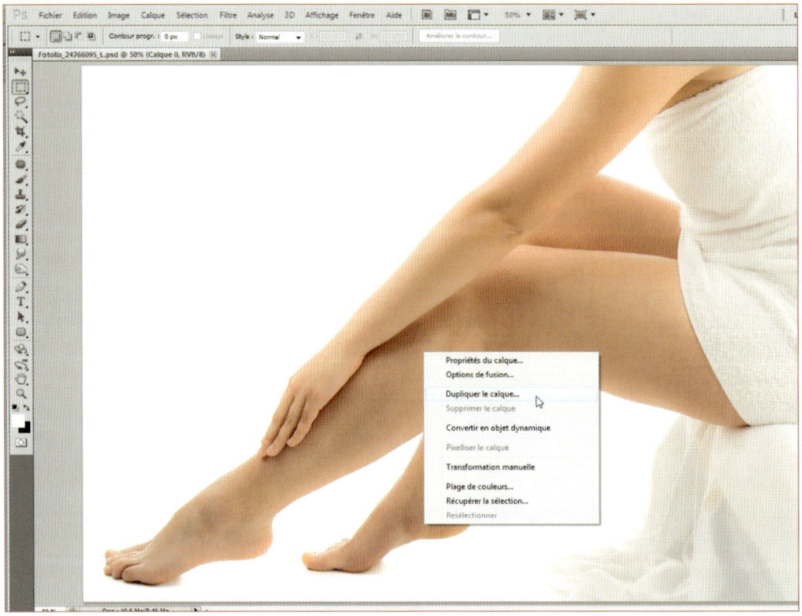

1 Quelle que soit sa nature, ouvrez l'image sur laquelle vous désirez appliquer un texte au sein de Photoshop. Une fois qu'elle est active, effectuez un clic droit sur l'image et, dans le menu contextuel qui s'affiche alors, cliquez sur la commande Dupliquer le calque.

2 Photoshop ne fournit pas de textures prêtes à l'emploi, mais une texture n'est jamais qu'une image qui est susceptible de prendre place sur une autre. Dans nos cas, nous allons modifier l'apparence de la peau de notre sujet. Nous utiliserons Google Image pour trouver la texture adaptée.

3 Parcourez la liste des résultats fournie par Google Image. Lorsque vous isolez le visuel qui peut convenir à votre projet, il ne vous reste plus qu'à l'enregistrer sur votre disque dur. Cliquez sur l'image avec le bouton droit de la souris et sélectionnez la commande Enregistrer sous.

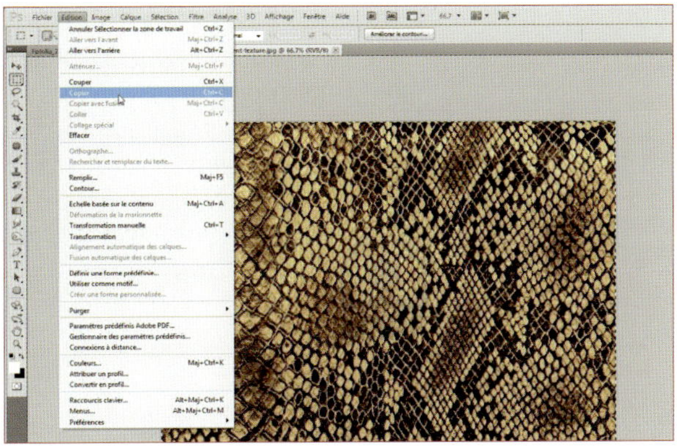

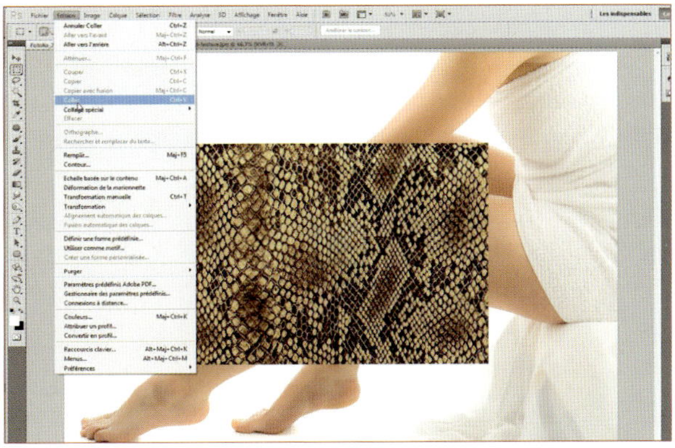

4 Lorsque le téléchargement de l'image est finalisé, ouvrez-la (via la commande Fichier puis Ouvrir), dans un nouvel onglet de l'espace de travail de Photoshop. Cliquez dans la palette d'outils sur Sélection rectangulaire. Cliquez ensuite sur le menu Édition et activez la commande Copier.

5 Activez de nouveau l'onglet de l'image que vous souhaitez retoucher. Là, cliquez sur le menu Édition puis Coller. Votre image trouvée sur Internet est alors superposée à l'image d'origine. Si vous le souhaitez, vous pouvez également vous contenter du raccourci clavier CTRL + V.

6 Dans le panneau Calques présent sur la droite de votre écran, cliquez sur la liste Normal qui vous permet de définir le mode de fusion entre les deux calques superposés. Là, cliquez sur l'intitulé Produit. Vous constatez que les jambes du personnage sont de nouveau visibles par transparence.

7 À droite de la liste des options de fusion, prenez le temps d'ajuster l'opacité du calque, pour que ce dernier soit à peine perceptible et qu'il ne soit pas prédominant par rapport à votre calque d'arrière-plan qui constitue la trame principale de votre projet de retouche.

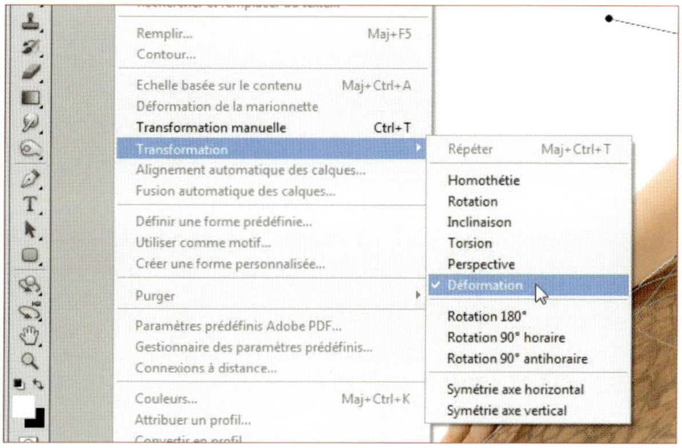

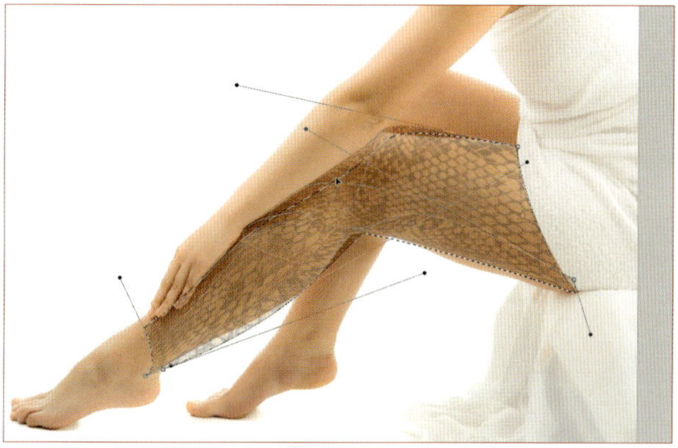

8 Vous devez maintenant adapter la texture aux contours de la zone à retoucher. Il faut donc que notre texture « peau de serpent » épouse la forme des jambes de notre personnage. Cliquez sur le menu Édition puis sélectionnez la commande Transformation. Là, sélectionnez Déformation.

9 Vous entrez dans la phase la plus longue, sinon la plus complexe, et la plus exigeante en termes de rigueur. Il faut faire en sorte que la texture épouse parfaitement les contours de la zone à truquer, à l'aide de la grille de déformation. Cela peut prendre du temps pour un résultat optimal.

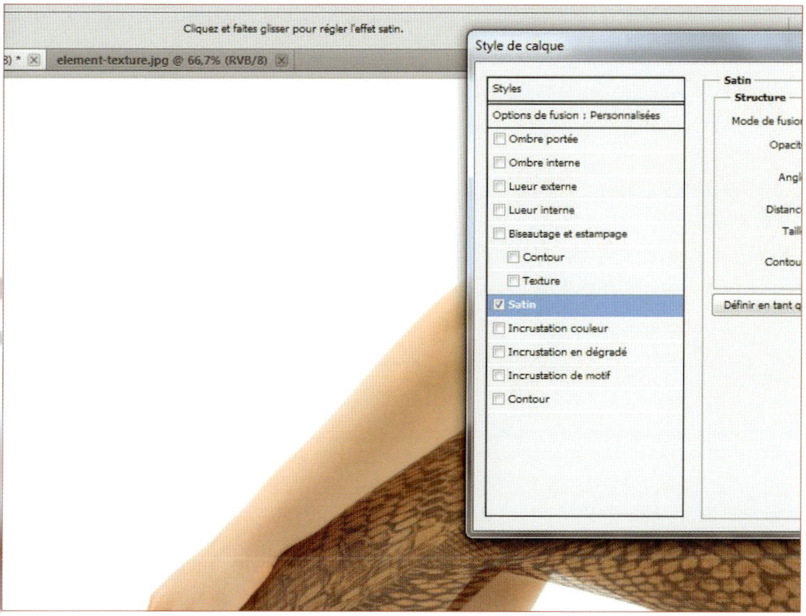

10 Pour améliorer le rendu final, cliquez sur le calque de la texture avec le bouton droit de votre souris, puis sélectionnez Option de Fusion. Vous pouvez alors associer différentes options pour que votre trucage soit le plus réaliste possible. Pensez à enregistrer votre travail régulièrement.

Exploiter l'outil Densité

Pour que votre photographie soit plus intense, plus contrastée, en un mot, plus vivante, il faut être en mesure de souligner certains éléments clés. À titre d'exemple, sur un portrait, il est souvent judicieux de renforcer l'intensité d'un regard en donnant plus de profondeur aux couleurs foncées. Vous pouvez également agir sur la couleur et les contours des lèvres. Sur un paysage, vous travaillerez plutôt à renforcer certains feuillages d'automne par exemple. Pour y parvenir, Photoshop met à votre disposition l'outil Densité.

1 Ouvrez votre fichier graphique au sein de Photoshop. Commencez par étudier l'image afin de définir les zones qui seraient susceptibles de tirer bénéfice de l'outil Densité. Pour cela, vous devez tantôt afficher de forts niveaux de détail, tantôt prendre du recul. Utilisez le zoom pour y parvenir.

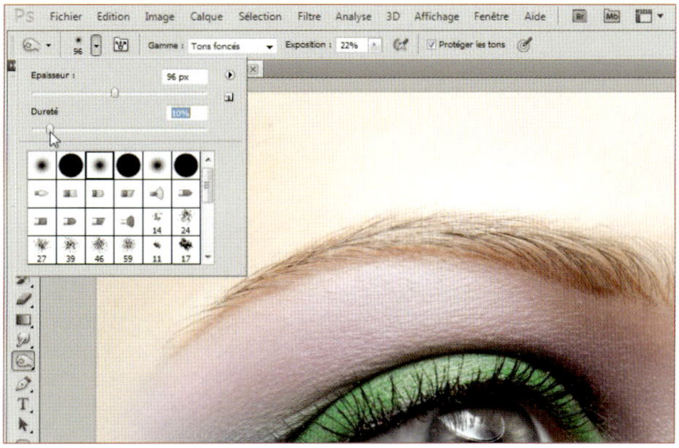

2 Sélectionnez dans la palette disponible à gauche de votre écran l'outil Densité+. Il est symbolisé par une icône en forme de main dont le pouce et l'index sont joints. Ajustez les options en cliquant sur la liste déroulante Gamme et, dans cette liste déroulante, sur l'intitulé Tons foncés.

3 Définissez maintenant l'épaisseur en pixels de l'outil Densité+. Évitez de dépasser la valeur 30 pour ne pas être confrontés à un résultat trop grossier. Sélectionnez également la dureté en n'excédant pas la valeur 10 %. Optez enfin pour une forme diffuse de l'outil et non une forme franche.

4 Appliquez maintenant avec la souris l'outil Densité + sur les zones à souligner, comme l'iris et la pupille du sujet. L'application doit être minutieuse pour ne pas déborder. Ajustez la dureté et l'épaisseur si vous estimez que la modification n'est pas assez perceptible.

5 En renfort de l'outil Densité, vous pouvez également envisager de recourir à l'outil Tampon de duplication. Ciblez la zone source en utilisant la touche ALT associée au bouton gauche de votre souris, puis donnez plus d'épaisseur aux zones neutres.

Utiliser le correcteur

Qu'il s'agisse de portraits ou de natures mortes, rares sont les zones qui soient véritablement uniformes et sans défaut. Si vous observez attentivement un portrait, même s'il s'agit de celui d'un enfant à la peau très pure, il arrive que des rougeurs, des défauts mineurs de la peau, quasiment imperceptibles à l'œil nu, soient littéralement accentués sur la photo, du fait des conditions d'éclairage ou parce que le sujet est figé. Pour éradiquer ces défauts mineurs et rendre à vos portraits un véritable éclat, pensez à utiliser le correcteur.

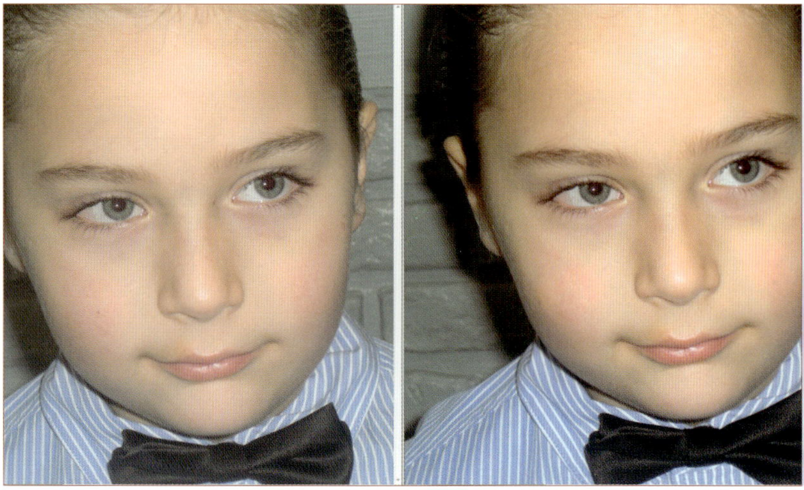

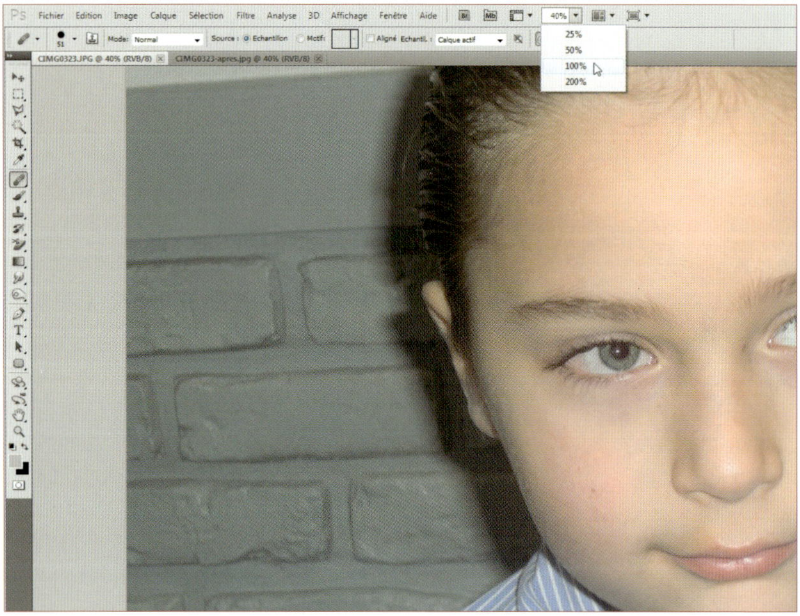

1 Cliquez sur le menu déroulant Fichier puis sur la commande Ouvrir. Dans la fenêtre qui s'affiche alors, parcourez le chemin d'enregistrement sur votre disque dur, jusqu'à atteindre le fichier à corriger. Quand celui-ci s'affiche, placez le Zoom à 100 %.

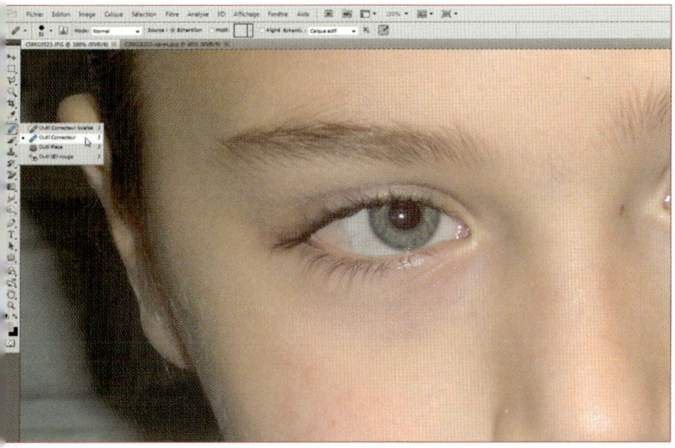

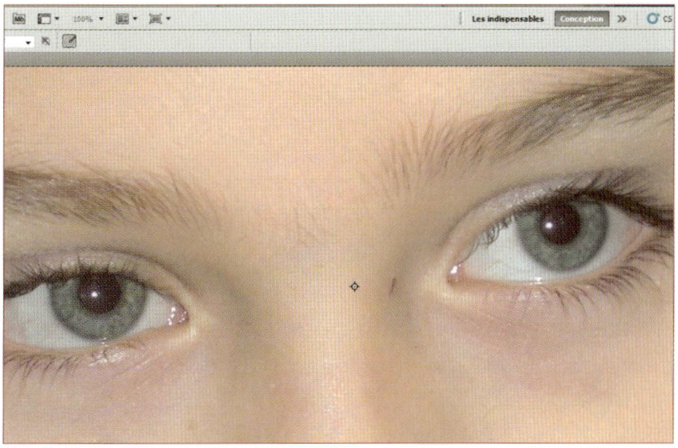

2 En observant la photo de près grâce au zoom, il est plus facile de repérer les défauts de la peau. Dans notre cas, vous remarquez près de l'œil gauche un défaut sur l'arête du nez et quelques rougeurs sur les joues qui méritent d'être corrigées. Cliquez sur l'outil Correcteur dans la palette.

3 Une fois le correcteur actif, ne l'appliquez pas directement. Il fonctionne sensiblement comme le tampon de duplication, et vous devez au préalable sélectionner les pixels de référence qui seront utilisés pour gommer le défaut avec le curseur de la souris associé à la touche ALT de votre clavier.

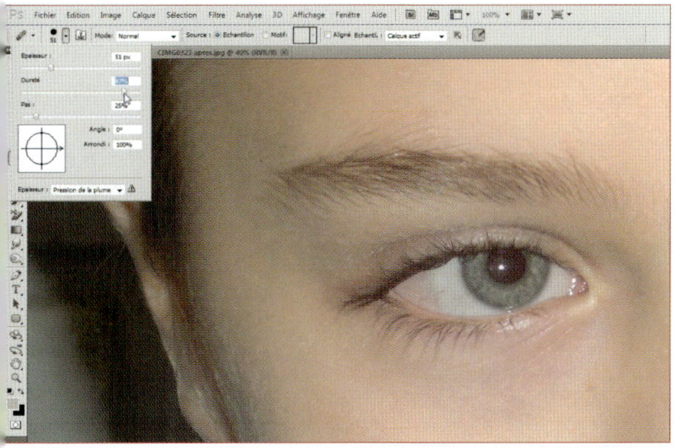

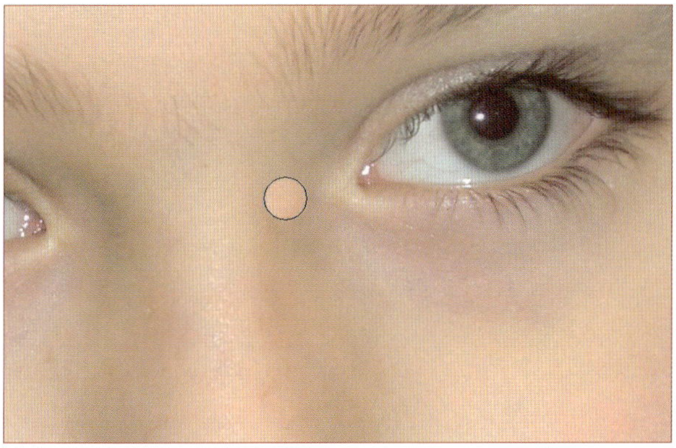

4 Ne sélectionnez que des pixels dont les couleurs sont proches de celles de la zone à corriger. Ajustez dans la barre d'outils contextuelle la taille du correcteur ainsi que la dureté. Cet ajustement dépend de la qualité de votre image elle-même. Prenez le temps de faire quelques essais.

5 Appliquez maintenant le correcteur sur les zones qui présentaient des défauts, en n'oubliant jamais d'ajuster les pixels de correction à la zone à améliorer. La décoloration peut paraître forte au moment où vous cliquez avec le correcteur, mais Photoshop se chargera d'adoucir la correction.

Déformer la marionnette

Elle a fait son apparition avec la version CS5 de Photoshop. La fonction appelée Déformer la marionnette est d'une puissance étonnante car elle vous permettra de modifier tout ou partie d'une image comme s'il ne s'agissait que de pâte à modeler. Les transformations permettent de mettre à l'échelle, de faire pivoter, d'incliner, d'étirer ou de déformer une image. Vous pouvez appliquer des transformations à une sélection, à un calque entier, à plusieurs calques ou à un masque de fusion. Vous pouvez appliquer une transformation à un tracé, à une forme vectorielle, à un masque vectoriel, etc.

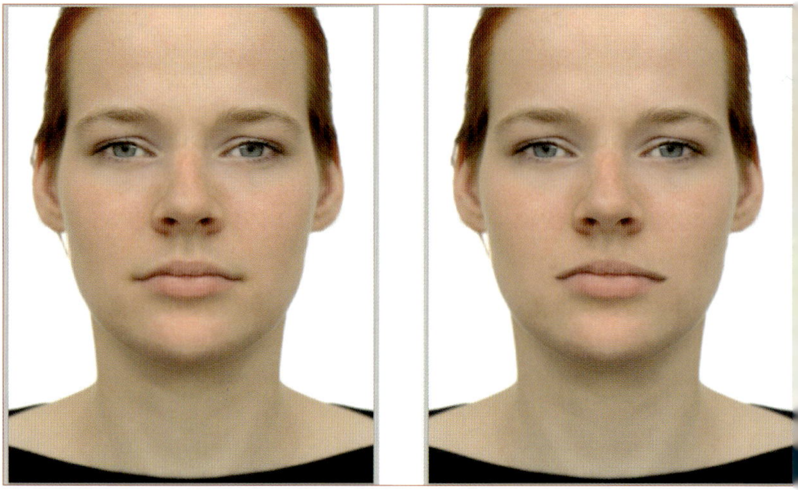

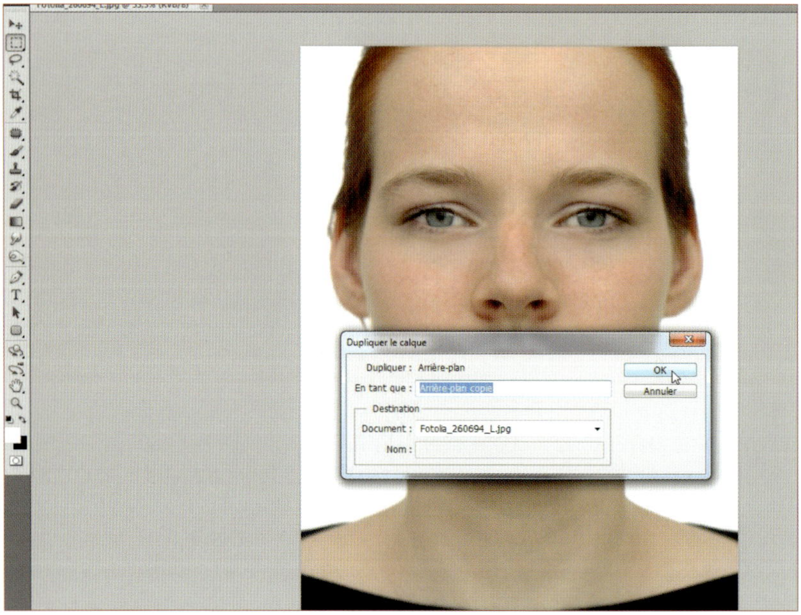

1 Ouvrez la photo que vous souhaitez retoucher via la fonction Déformation de la marionnette. Lorsque l'image est active, ouvrez le menu contextuel à l'aide du bouton droit de votre souris et cliquez sur Dupliquer le calque. Dans la fenêtre qui s'affiche, cliquez sur OK pour valider.

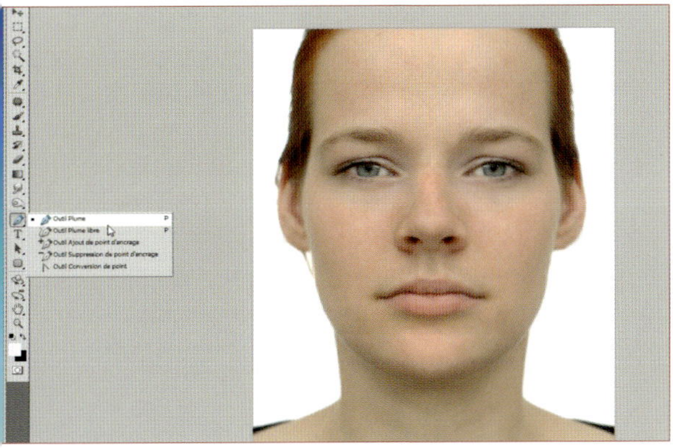

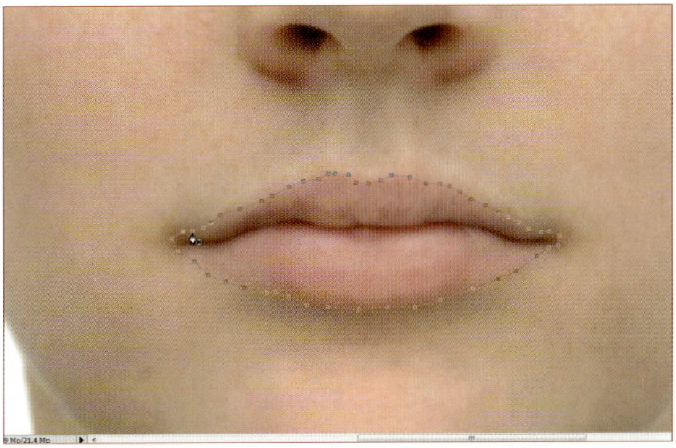

2 Une fois le calque créé, vous allez vous atteler dans un premier temps à sélectionner la bouche du sujet par exemple. Il convient avant d'activer la marionnette, de créer une zone de sélection de l'élément qui sera par la suite modifié. Cliquez pour cela sur l'outil Plume.

3 Augmentez le zoom pour effectuer un travail en précision. Puis, à l'aide de votre souris, placez des points autour des lèvres du sujet en respectant un souci du détail absolu. N'hésitez pas à suivre scrupuleusement l'ensemble des zones arrondies en utilisant les courbes de Béziers.

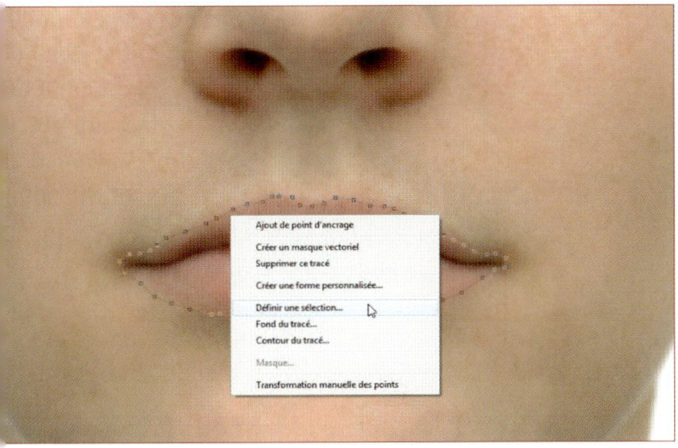

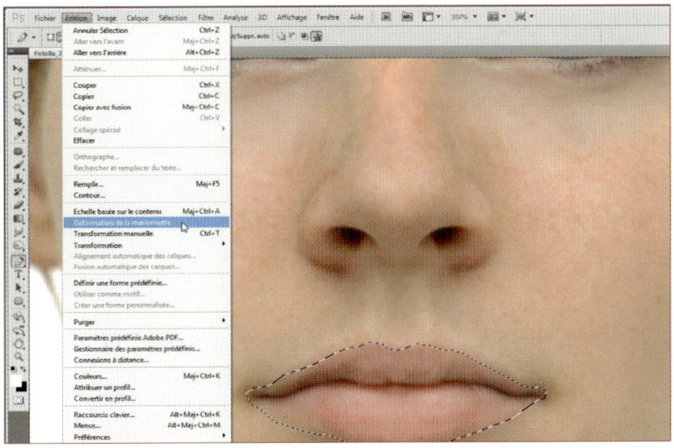

4 Lorsque vous vous êtes acquitté de ce travail de précision, il s'agit de convertir la zone en sélection exploitable. Cliquez sur la zone sélectionnée avec le bouton droit de votre souris, en vue d'afficher le menu contextuel, puis cliquez sur la commande Définir une sélection.

5 Si la sélection vous semble assez conforme, cliquez sur le bouton OK dans la fenêtre qui s'est affichée après avoir coché la case Nouvelle sélection. Pour activer la déformation de la marionnette, cliquez sur le menu déroulant Édition puis sur la commande Déformer la marionnette.

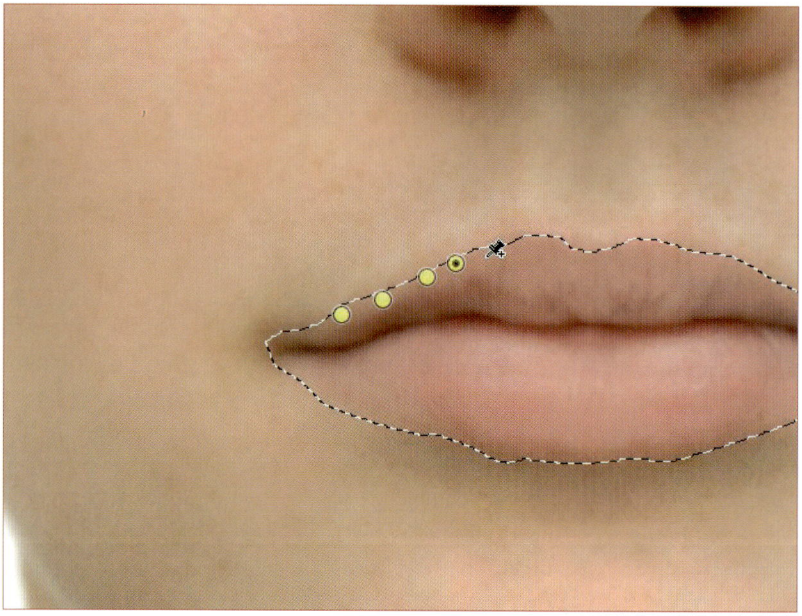

6 Après avoir activé cette commande, vous constatez que la sélection que vous avez dessinée au fil des étapes précédentes a pris l'apparence d'une grille. En l'état, celle-ci ne sert à rien. Pour l'utiliser il faut insérer des repères (comme des punaises) sur l'ensemble des zones à déformer.

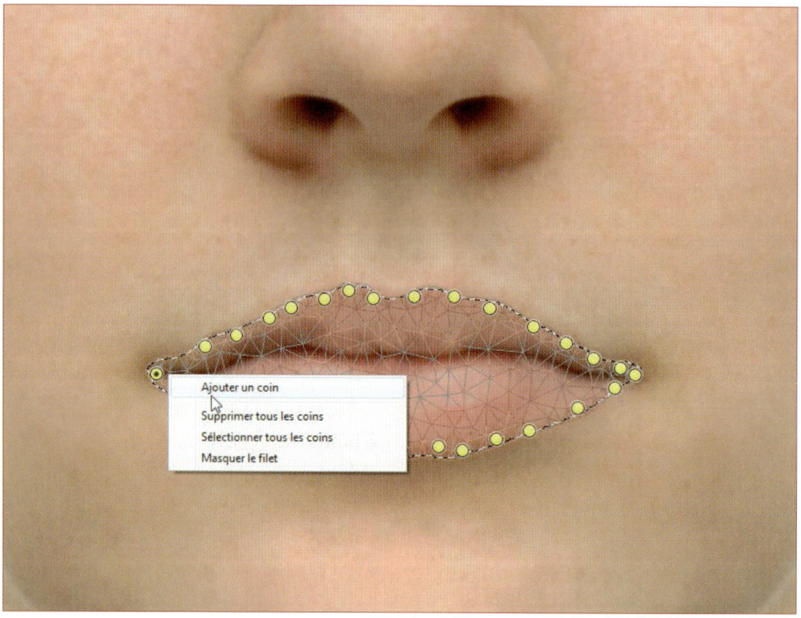

7 Chaque point inséré est appelé « coin ». Le mode de fonctionnement de ces coins est spécifique. En effet, chaque coin agit par rapport à un autre coin de référence. Plus vous en ajoutez, plus l'éventail de déformations sera important. Vous pouvez supprimer ou déplacer un coin via le menu contextuel.

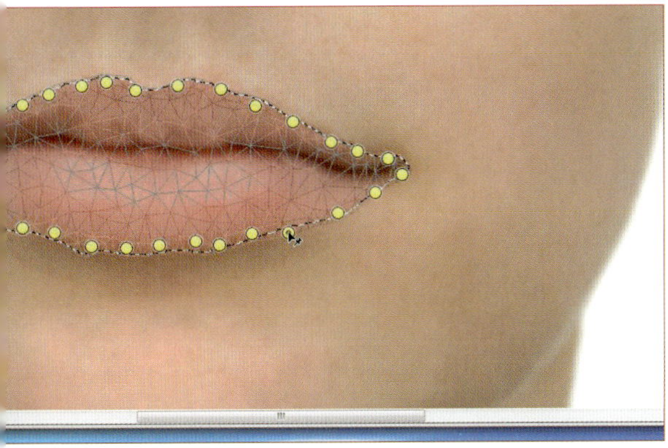

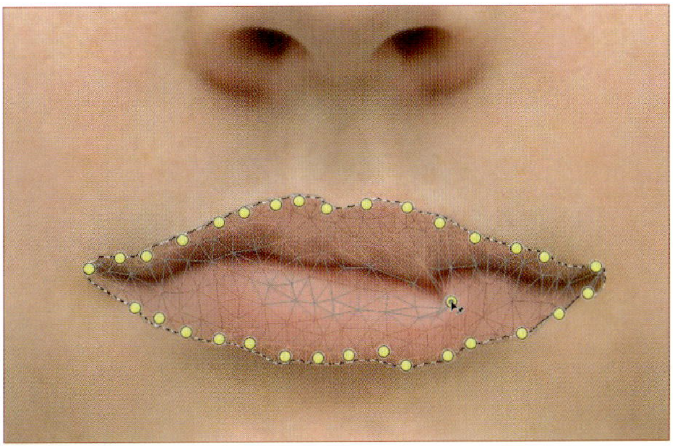

8 Utilisez maintenant les différents coins insérés à l'étape précédente pour déformer la zone de votre choix. En l'occurrence, vous avez la possibilité de rendre les èvres plus charnues ou encore élargir un sourire, ou au ontraire de l'estomper. Les modifications sont subtiles ; preez votre temps.

9 L'ensemble de la grille qui est affichée peut être modifié et pas uniquement les contours. Soyez donc très prudent lorsque vous effectuez des modifications, afin que celles-ci améliorent le rendu final et ne transforment pas votre sujet en monstre de foire !

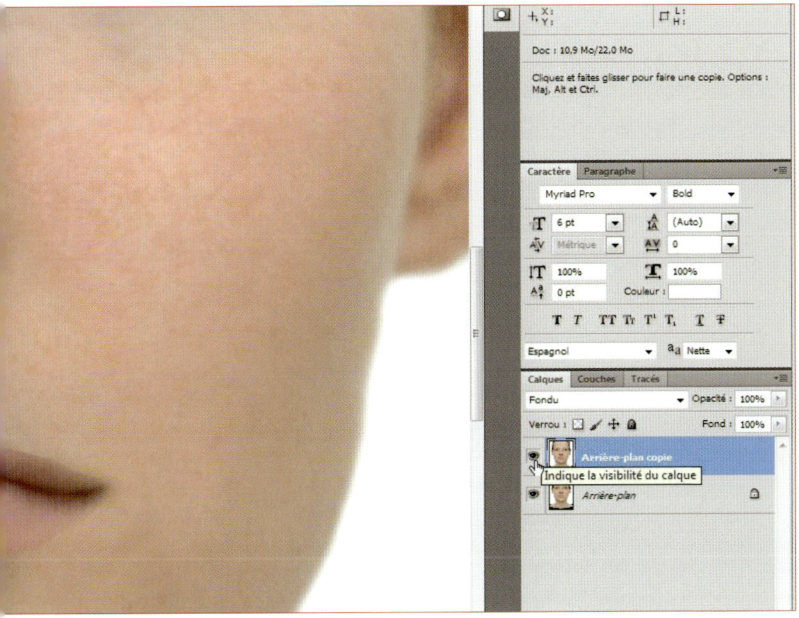

10 À mesure que vous déformez la marionnette, pensez à intervalles réguliers à activer et à désactiver la visibilité du calque dans le panneau Calques. Vous pouvez ainsi disposer de points de comparaison entre la version initiale et la version modifiée pour vous assurer du réalisme de la retouche.

Fonctions d'automatisation

Photoshop est une solution de retouche d'image conçue à des fins professionnelles. Rien d'étonnant dès lors à ce que ses concepteurs aient prévu des fonctionnalités permettant de traiter simultanément et de manière automatisée des dizaines de fichiers graphiques. Ce type de fonctionnalités, plus communément appelé « traitement par lots », vous permet d'appliquer à différents fichiers les mêmes modifications. Les débutants y trouveront également leur compte car Photoshop fournit un certain nombre de scénarios prédéfinis appelés Script.

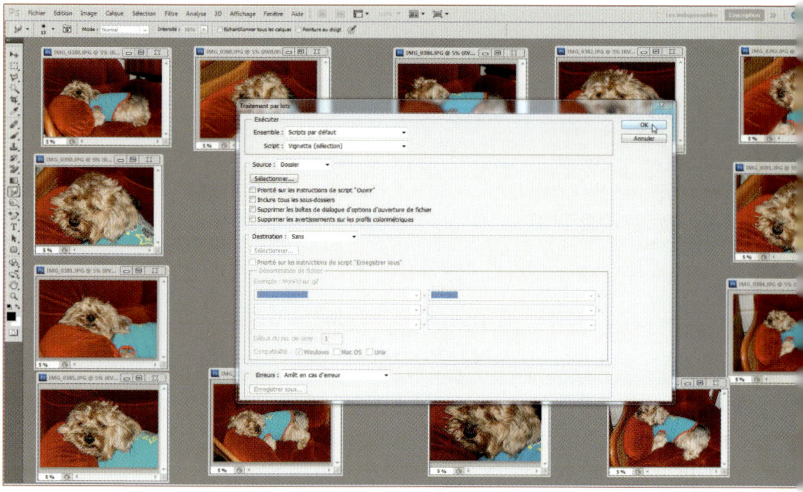

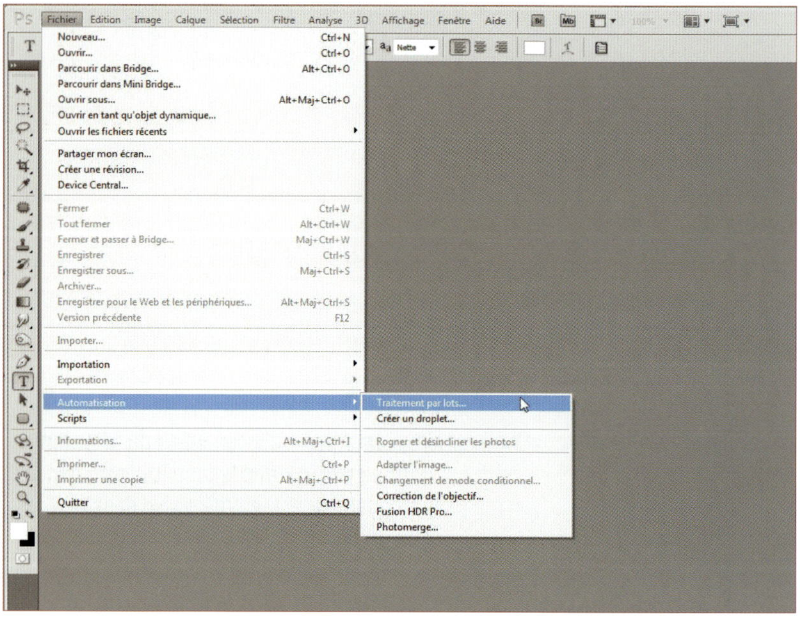

1 Vous pouvez soit agir sur les fichiers ouverts, soit considérer le traitement par lots comme un module indépendant que vous pouvez lancer en cliquant sur le menu déroulant Fichier puis en cliquant sur Automatisation. Dans le volet latéral, cliquez sur Traitement par lots.

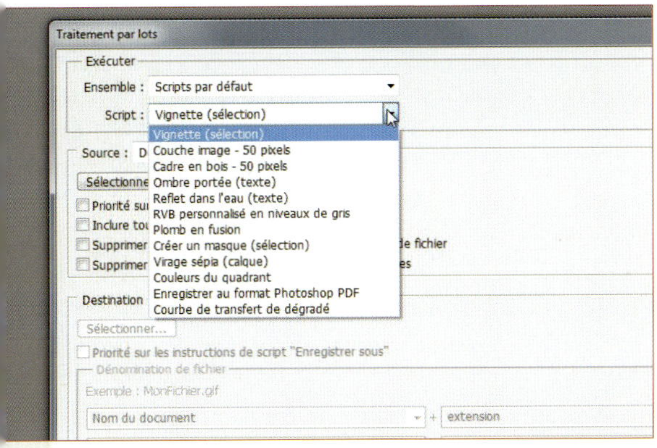

2 La fenêtre qui centralise l'ensemble des options d'automatisation apparaît alors. Vous allez devoir composer le scénario à appliquer à vos différents fichiers. our commencer, cliquez dans la section appelée « Exécu-r », dans la liste Script. Elle affiche les opérations rédéfinies.

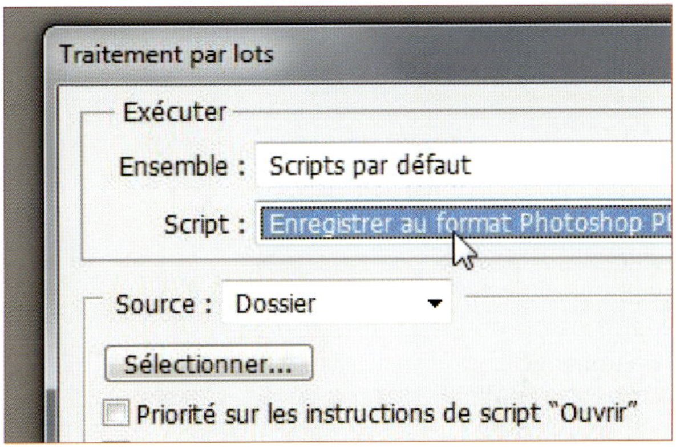

3 Dans cette liste, vous trouvez de tout, depuis la création d'un cadre virtuel autour de vos images à la conversion en niveaux de gris, en passant par l'enregistrement des fichiers sélectionnés automatiquement au format Photoshop PDF. Optez pour cette opération. 125

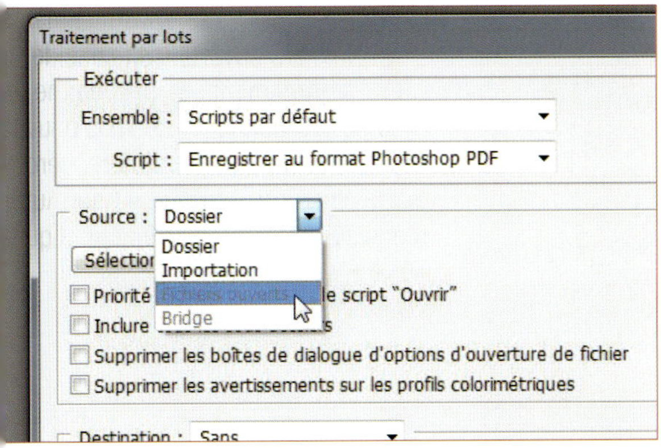

4 Pour aller plus loin dans la mise en place de l'automatisation, il vous faut maintenant désigner les fichiers qui seront concernés. Cliquez sur la liste déroulante ource. Si vos fichiers graphiques sont déjà ouverts dans hotoshop, sélectionnez Fichiers ouverts.

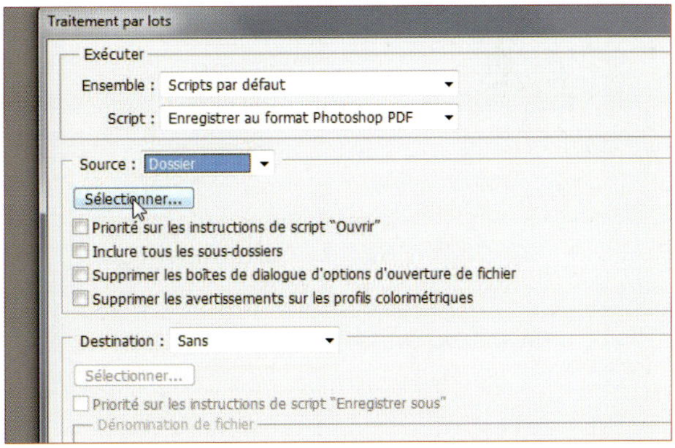

5 Vous pouvez également faire en sorte que l'automatisation porte non pas sur des fichiers ouverts dans le logiciel, mais ouverts directement dans le dossier d'enregistrement où ils sont stockés. Dans ce cas, cliquez dans la liste sur Dossier puis sur le bouton Sélectionner.

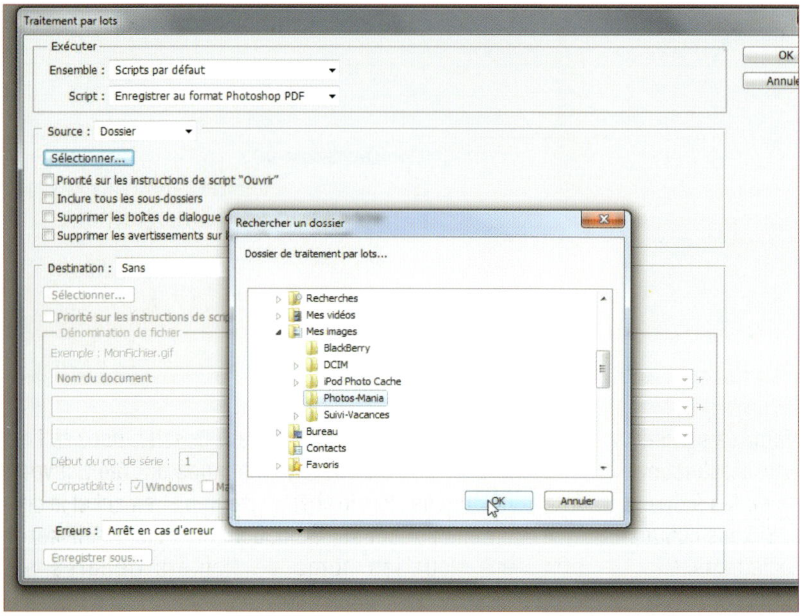

6 Après que vous avez cliqué su Sélectionner, une nouvell fenêtre s'affiche à l'écran. Ell vous servira à identifier le chemin d'en registrement de ce dossier sur votr disque dur. Cliquez sur les dossiers pou les développer et accéder aux sous répertoires, jusqu'à ce que vous trou viez le dossier concerné.

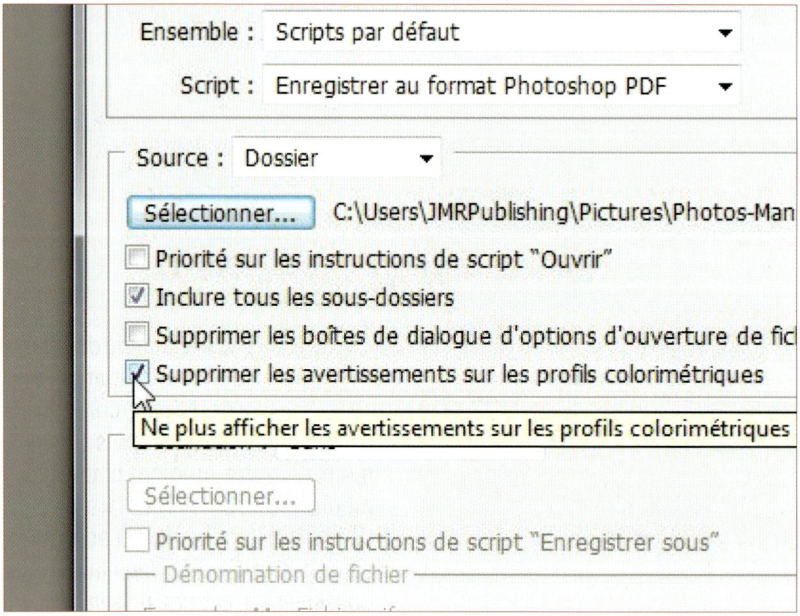

7 Photoshop se chargera d'ouvri les fichiers et d'effectuer le modifications demandées. Il fau cependant définir quelques options. S le dossier sélectionné contient de sous-répertoires, cochez Inclure tou les sous-dossiers. Pour éviter les blo cages, cochez aussi Supprimer le avertissements.

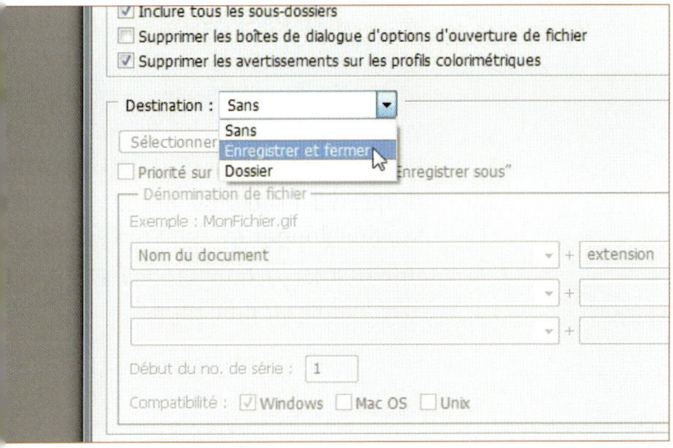

8 Que faire des fichiers convertis ? Il faut les stocker. Pour cela, cliquez sur la liste déroulante Destination. Si vous cliquez sur Enregistrer et fermer, les fichiers convertis seront dans leur dossier d'origine. Si vous cliquez sur Dossier, il faut indiquer le chemin d'enregistrement.

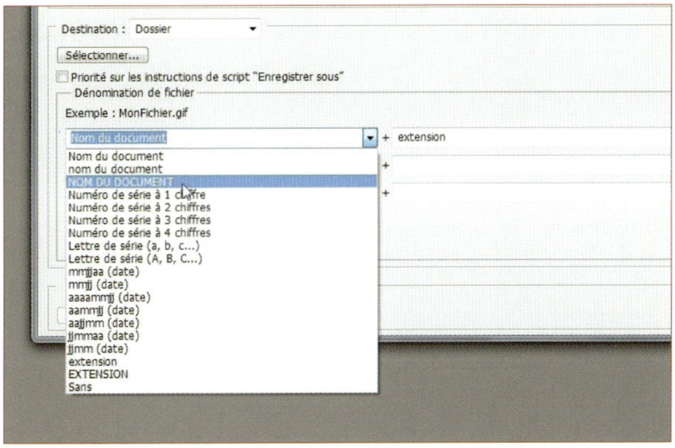

9 Si vous avez cliqué sur l'item Dossier, dans la liste Destination, d'autres commandes ont été activées. Indiquez dès lors le chemin d'enregistrement et le dossier cible en cliquant sur Sélectionnez. Puis définissez la structure pour les noms de fichiers générés par Photoshop. 127

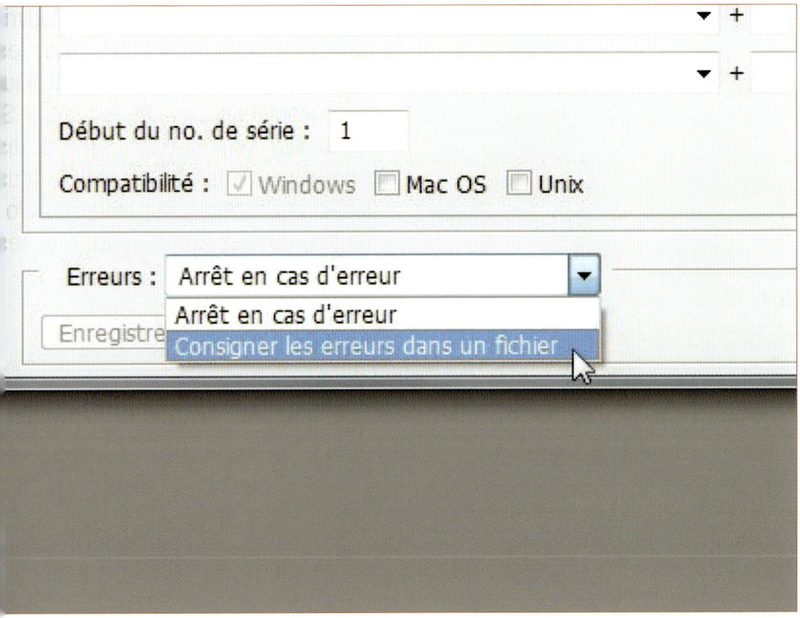

10 Plus le nombre de fichiers est important et plus les opérations, complexes, plus le risque d'erreur dans le traitement de votre automatisation augmente. Photoshop vous propose de définir le comportement à adopter en cas d'erreur. Cliquez dans la liste sur Consigner les erreurs, puis validez.

Utiliser les scripts

Lorsque vous utilisez Photoshop, un certain nombre d'opérations permettant d'étalonner vos images afin de les uniformiser peuvent être menées de manière itérative. Pour optimiser la vitesse d'exécution de ces opérations, Photoshop met à votre disposition des scripts prédéfinis qui peuvent être personnalisés et associés à votre convenance. L'application des scripts est un gain de temps providentiel surtout lorsque l'on souhaite traiter des gros volumes de fichiers de la même façon. Vous avez la possibilité de télécharger des scripts sur Internet ou de créer les vôtres de toutes pièces.

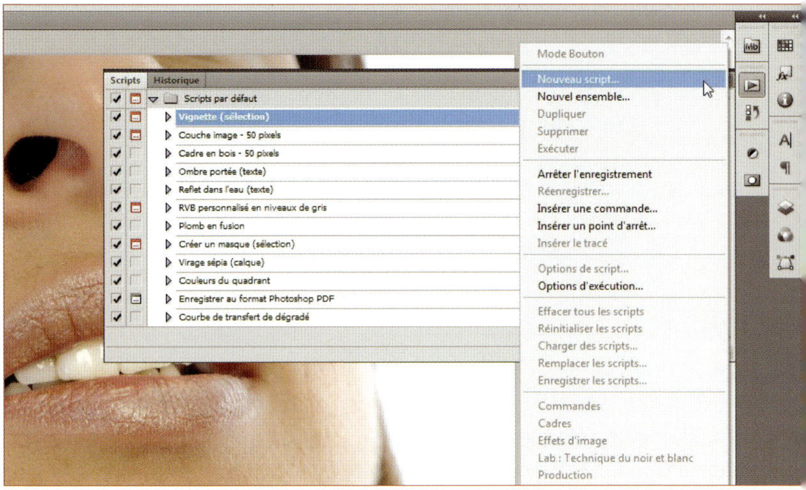

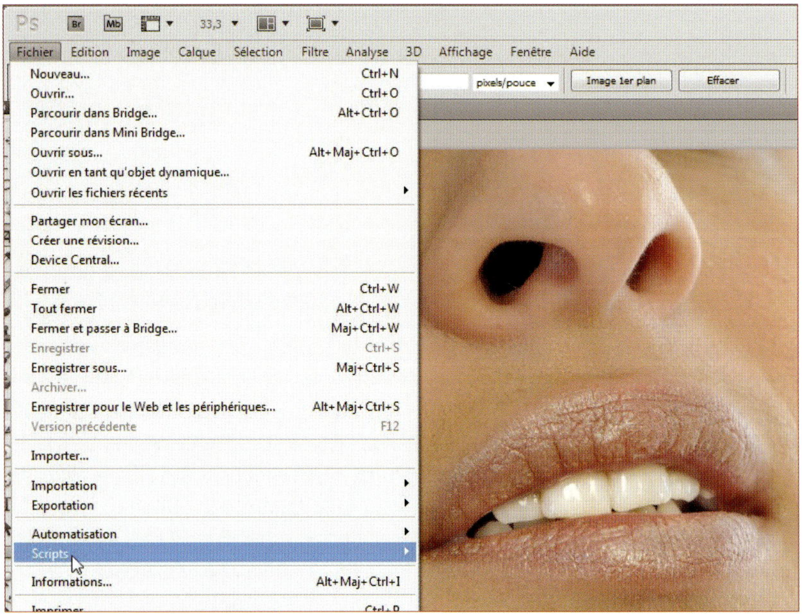

1 Avec les scripts, il est possible d'automatiser un certain nombre de tâches récurrentes sur vos photos. Aplatir les calques, supprimer les calques vides, afficher le processeur d'images, les opérations sont variées. Pour accéder aux scripts, cliquez sur Fichier puis sur Scripts.

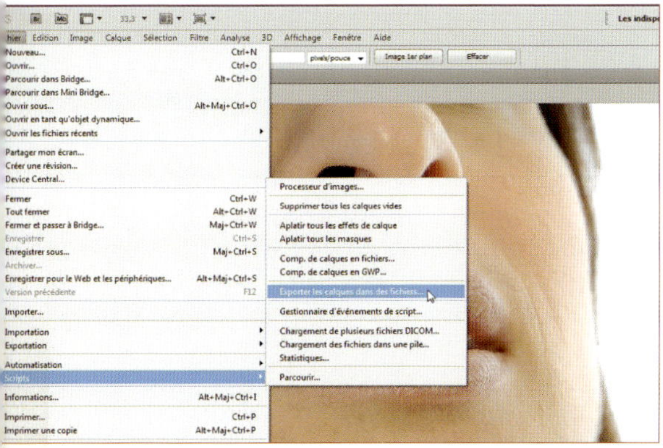

2 Lorsque vous sélectionnez la ligne Scripts dans le menu déroulant Fichier, vous constatez qu'un volet est ensuite déployé vers la droite. Ce volet dresse la liste es scripts prédéfinis que vous pouvez appeler pour traiter image qui est ouverte au sein de l'espace de travail de hotoshop.

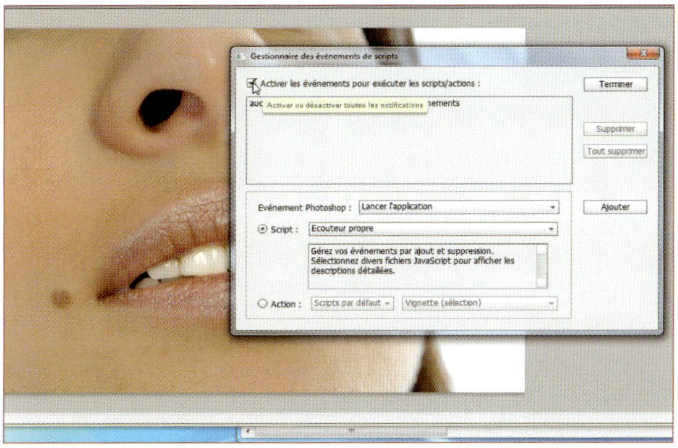

3 Pour créer un script ex abrupto, sélectionnez dans le volet déployé vers la droite l'intitulé Gestionnaire des événements de script. Dans la fenêtre qui apparaît, cochez la case Activer les événements pour exécuter les scripts/Action.

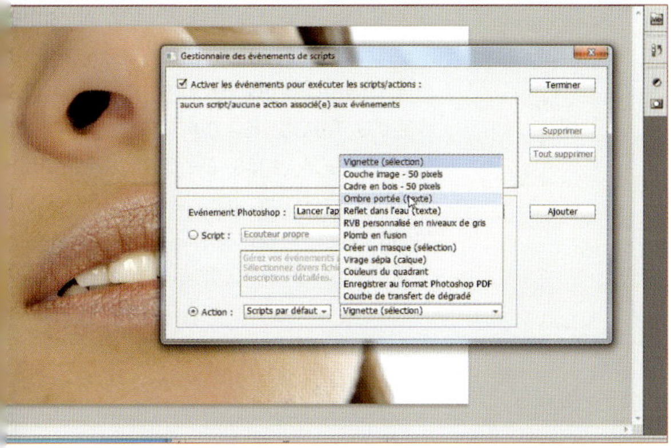

4 Configurez ensuite les différents types d'action qui seront menées à bien par le script que vous cherchez à créer. Cliquez sur le bouton Ajouter pour insérer de ıouvelles actions ou commandes. Lorsque vous avez défini es opérations désirées, cliquez sur Terminer pour enregis-rer votre script.

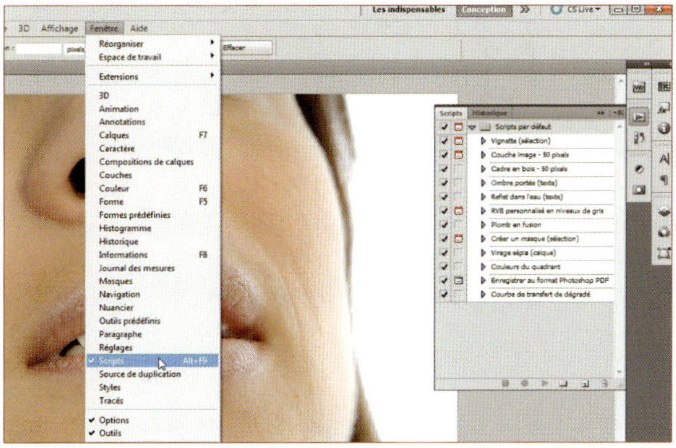

5 Si vous souhaitez recourir plus rapidement et plus facilement aux scripts à tout instant, il faut afficher le panneau dédié. Pour cela, cliquez sur le menu déroulant Fenêtre et, dans la liste des commandes, cliquez sur Scripts. Ces derniers sont affichés aux côtés de l'historique.

Auteur : José Roda / JMR Publishing

Crédits photo : © Philippe Devanne – Fotolia.com / © olly – Fotolia.com / © iggyphoto – Fotolia.com / © José Roda / © Ambrose – Fotolia.com / © Amir Kaljikovic – Fotolia.com / © George Wada – Fotolia.com / © Freddy Smeets – Fotolia.com / © Guido Thomasi – Fotolia.com / © auremar – Fotolia.com / © Yuri Arcurs – Fotolia.com / © Nobilior – Fotolia.com / © Serg Zastavkin – Fotolia.com / © Laurin Rinder – Fotolia.com / © Peter Atkins – Fotolia.com / © Jacek Chabraszewski – Fotolia.com / © stryjek – Fotolia.com / © malyugin – Fotolia.com / © Igor Mojzes – Fotolia.com / © Leonid & Anna Dedukh – Fotolia.com / © PictureArt – Fotolia.com / © Kurhan – Fotolia.com / © Christy Thompson – Fotolia.com / © Beboy – Fotolia.com / © evgenyatamanenk – Fotolia.com / © Ariwasabi – Fotolia.com

EDITIONS ESI
60, rue Vitruve, 75 020 Paris

Imprimé par Printer Portuguesa au Portugal à Rio de Mouro
© Éditions ESI – Dépôt légal : novembre 2012 – Achevé d'imprimer : novembre 2012
ISBN : 978-2-8226-0190-0
N° Sofédis : S508592